DISCLAIMER

The author and publisher are providing this book and its contents on an "asis" basis and make no representations or warranties of any kind with respect to this book or its contents. The author and publisher disclaim all such representations and warranties, including but not limited to warranties of merchantability. In addition, the author and publisher do not represent or warrant that the information accessible via this book is accurate, complete, or current.

Except as specifically stated in this book, neither the author nor publisher, nor any authors, contributors, or other representatives will be liable for damages arising out of or in connection with the use of this book. This is a comprehensive limitation of liability that applies to all damages of any kind, including (without limitation) compensatory; direct, indirect, or consequential damages; loss of data, income, or profit; loss of or damage to property; and claims of third parties.

Puzzle 1

```
C N J J D R E U Q R O T É R
O O A À È H L S A M W C P U
M C E À U N L À I D Ê O R E
M À L M X P E L A Q A N É T
U Î B Â V L I S R S S T J A
N L O À U E C O B S P E U S
E É N N U N I P U P I N D I
Ê D A Ê U T F H C É R T I L
Î R B A N Z R I O V E I C A
G O N E T N E S L I R E I R
K C C R É I P T I T H U A O
E C W I Û Ê U E Q E B X B M
A A N L Î S S Ç U R G J L Y
P A N T H É O N E U D N E T
E L X G J S Y M P O S I U M
```

TENDU	NUANCE	GRANULE
LIRE	ACCORD	ÉVITER
RÉTORQUER	BUCOLIQUE	NOBLE
SYMPOSIUM	COMMUNE	PANTHÉON
CONTENTIEUX	ASPIRER	MILIEU
MORALISATEUR	ACCENT	SOPHISTE
HUMBLE	SUPERFICIELLE	PRÉJUDICIABLE

Puzzle 2

```
P L C C U R A T I V E L S M
P A N O I T A N R A C N I U
R R S E M I G É R A T E O R
É U M S Ù B I P B À L È N A
T G G L I C I A A I A E R L
E U Q Y A O N N B X V K U E
R A Y M E D N O E G A Y O V
N N É Ê O Ê M N X R Ç E S G
A I F N K M X U E T Û O C A
T X N K I À M L L Z S U M U
U E D I P M I L P À V Ê A C
R L U G U B R E R Û Ê O U H
E V I T O M T I E L F È U E
L É M I G R E R P P J Ç C S
P R I M O R D I A L R Ê M Q
```

RÉGIME	LEITMOTIV	ABANDONNER
ÉMIGRER	CURATIVE	SOURNOIS
INCARNATION	INAUGURAL	PRÉTERNATUREL
GAUCHE	PASSIONNEZ-VOUS	IMMOBILE
VOYAGE	PERPLEXE	LIMPIDE
ÉMACIÉ	PRIMORDIAL	COÛTEUX
MURALE	LUGUBRE	COMBINER

Puzzle 3

```
A R D E É T I C I L L O S E
G É I M T U P N I F I F L S
R S S B N A L L L C N Â H N
A U S E E Y R E Û X P Y E E
N R U L L Q T G E U P J S M
D G A L A Ê E D N E L D T M
I E S I T P A Z R I E R I I
R N I R U F N B X N F Ù M W
V C O D F Î O Ù E O M K E F
K E N U C L N E I M É H O B
X H B D E L B A D I M R O F
Â E A N C Ê T R E C R M Q R
R E B R E C A X E R N O Â À
P R É P A R E R Ç A N V K O
P R O C E S S U S P P Â Q V
```

FORMIDABLE	PRÉPARER	PARCIMONIEUX
RÉSURGENCE	BOHÉMIEN	INPUT
HYPERBOLE	REBUFFADE	SOLLICITÉE
EXACERBER	AGRANDIR	PÂLE
DISSUASION	PROCESSUS	TALENT
INGRATE	EMBELLIR	IMMENSE
DUPE	ESTIME	ANCÊTRE

Puzzle 4

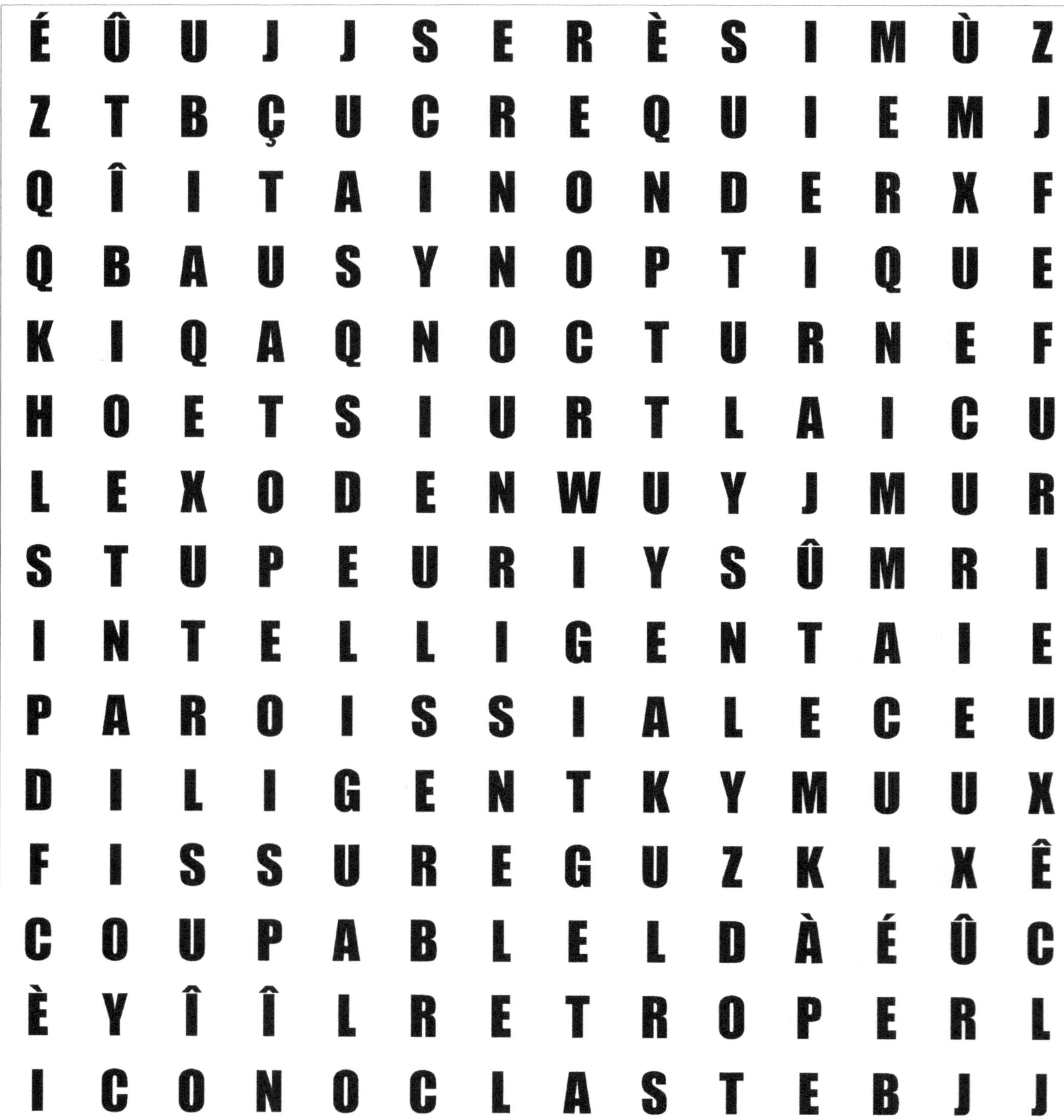

É	Û	U	J	J	S	E	R	È	S	Î	M	Ù	Z
Z	T	B	Ç	C	C	R	E	Q	U	I	E	M	J
Q	Î	Î	T	A	I	N	O	N	D	E	R	X	F
Q	B	A	U	S	Y	N	O	P	T	I	Q	U	E
K	I	Q	A	Q	N	O	C	T	U	R	N	E	F
H	O	E	T	S	I	U	R	T	L	A	I	C	U
L	E	X	O	D	E	N	W	U	Y	J	M	U	R
S	T	U	P	E	U	R	I	Y	S	Û	M	R	I
I	N	T	E	L	L	I	G	E	N	T	A	I	E
P	A	R	O	I	S	S	I	A	L	E	C	E	U
D	I	L	I	G	E	N	T	K	Y	M	U	U	X
F	I	S	S	U	R	E	G	U	Z	K	L	X	Ê
C	O	U	P	A	B	L	E	L	D	À	É	Û	C
È	Y	Î	Î	L	R	E	T	R	O	P	E	R	L
I	C	O	N	O	C	L	A	S	T	E	B	J	J

IMMACULÉE	MISÈRE	NOCTURNE
INONDER	ALTRUISTE	INTELLIGENT
EXODE	HIATUS	INIQUITÉ
STUPEUR	ICONOCLASTE	PAROISSIALE
DILIGENT	FISSURE	SYNOPTIQUE
FURIEUX	LOQUACE	CURIEUX
RÉPORTER	COUPABLE	REQUIEM

Puzzle 5

```
P L B R I N E V R E T N I I
E R U Û A V U Û M E F O M L
T Y O M L L D V A X A S O A
S A C N I É R O N P B T N S
E H C R O N A I U R R A O S
S E A C E N E R E E I L L Y
P U J B A S C U L S Q G I B
M Q I E I B C I X S U I T A
I I L F K T L E A K E Q H P
L G P Ù Q K U E N T R U E L
A A I Z I Q H E R D I E Ê O
P R É C A I R E L W O O L M
S T N E T N O C É M C O N B
J U S T I F I C A T I O N Â
P R O M O N T O I R E P T Â
```

NOSTALGIQUE
JUSTIFICATION
EXPRESS
ABYSSAL
MONOLITHE
VOIR
MÉCONTENTS

PALIMPSESTE
ARDUE
APLOMB
PROMONTOIRE
HABITUEL
PRÉCAIRE
INTERVENIR

FABRIQUER
LUMINEUX
TRAGIQUE
CRESCENDO
PRONONCIATION
ACCABLER
MANUEL

Puzzle 6

```
I N D I G N É Q É È L S V A
T O R R I D E E Ù O Y É O B
P R O P E N S I O N O N L N
M E Â A D Â S G R M M I O É
O R È U A É U O E É N L N G
N T L M I P C L M T I E T A
O N A R R I C O P I P C A T
T O R E Y T I T L C O R I I
O M O U M H N A A U T E R O
N É T N C È C H C L E J E N
E D T É V T T C E E N E W Î
L E I T N E S S E U T T B À
K À L T R Z E E D X E E F Î
E T N A N G U P É R I R È H
I N T E R P O L E R H Z È T
```

OMNIPOTENT
MONOTONE
ATTÉNUER
LITTORAL
MYRIADE
ÉPITHÈTE
DÉMONTRER

REMPLACE
SÉNILE
PROPENSION
SUCCINCT
REJETER
RÉPUGNANT
ESCHATOLOGIE

MÉTICULEUX
VOLONTAIRE
ABNÉGATION
TORRIDE
ESSENTIEL
INDIGNÉ
INTERPOLER

Puzzle 7

```
R E D F C O N V O Q U E R E
É X É R E T C E P S N I I E
P P T U N Û V S B P T N R T
L L O G O Ù É U Ç Y O U É C
I I U A I K E O D M S T I E
Q Q R L T M L R É S É S M L
U U N P A A B G A I Î O P A
E E É A N F É I R D F U R I
U R J R I H Ê A B N X I O D
Q D O I H L V D È E È L V Q
I I É A C C U T Ù R Î L I U
T C O V A À G X C É B E S C
S Ù Â L M D K Î È V Z R E I
U X U E I T N E T É R P R N
R E N V I R O N O R Î È J W
```

DÉTOURNÉ	RUSTIQUE	DIALECTE
IMBIBE	RÉPLIQUE	HÉGÉMONIE
ASSURE	CONVOQUER	FRUGAL
LUXE	RÉVÉREND	EXPLIQUER
INSPECTER	PARIA	PRÉTENTIEUX
IMPROVISER	GROUSE	SOUILLER
VARIÉTÉ	MACHINATION	ENVIRON

Puzzle 8

PUBLICATION
BANAL
EXPÉRIENCE
COMPLÈTEMENT
OPINE
ÉVIDENT
MAGNITUDE

HAGIOGRAPHIE
OBTENIR
ÉPITAPHE
ADEPTE
CHAOTIQUE
ASTUCIEUX
INCOMMENSURABLE

SOUTIEN
BIOLOGIE
DISSENSION
ABRASIF
NOMINAL
CAVITÉ
MALENTENDU

Puzzle 9

```
É T A K A N T I Q U E É S C
C S D L I A T É D É E V U H
I P O C L T T D Ê U M A P R
J I É T È É I X Ê V H L P O
S S E P É L G S P E T U L N
C C D V E R A O R Ç Y E A O
S O I M L Î I M R I R R N L
E E M G I N É Q T I È Y T O
S E I M V T Ê X U Y Q B E G
S R T N I E R E S E P U R I
I K R Q O S N M L K A S E Q
L W U B F G S I T K L A Y U
E E I N A H P I P É A I I E
C O N F I N E X O Û C N S M
A L A M B I Q U É N E E Â B
```

RYTHME
SAINE
ÉVALUER
ÉPIPHANIE
PALACE
DILEMME
ALLÉGORIQUE

CHRONOLOGIQUE
DÉTAIL
ANTIQUE
ÉNIGME
COMMISSION
TIMIDE
CONFINE

VILE
SUPPLANTER
SEREIN
HERMÉTIQUE
ÉSOTÉRIQUE
ALAMBIQUÉ
SESSILE

Puzzle 10

```
E X P L O I T E R S R S N A Î P
À X T R A P M E R X È L G A
L A R G U E Z R Ù À U K E T
E S C A R M O U C H E H P I
D F J V P I É T I N A V U N
I E I V E T N A S S I A N E
L À M M X R E T N E M G U A
Q Ç S A Î I S S A X L G W T
N I L C N E F I T N E T T A
L S I F É D É L O I R A B U
S A T I R E E B R N F K S Q
P R A G M A T I Q U E D P É
É P I S T É M O L O G I E D
R É H A B I L I T E R Ê Î A
I M P R E N A B L E V T O N
```

RÉHABILITER   REMPART   BARIOLÉ
DEMANDE   AUGMENTER   VANITÉ
SATIRE   VERSION   PRAGMATIQUE
IMPRENABLE   ENCLIN   ATTENTIF
ESCARMOUCHE   LARGUEZ   EXPLOITER
NAISSANT   ÉPISTÉMOLOGIE   DÉFI
ADÉQUAT   STATURE   PATINE

Puzzle 11

```
S A T I S F A I T K É C Ù A
A B R É V I A T I O N O F L
G A L V A N I S E R R R N R E
N L I N É A M E N T O S A R T
P L A I N T I V E D I C E T
F A N A T I S M E R P N A E
I Y Û D C F A R È Ê H T S I
Ù X C G I O F R G Ê Q E I M
T O F A F S L A G P F M M M
È I S L A Î S L C O Ù E R A
D C Z A E Û W U O T T N E N
O U G N N B F É A Q C E T P E
R E I T Â H C É P D U U U N
T R A N S P O R T X E E R T
C O M P R O M I S B L R R U
```

FANATISME
ABRÉVIATION
PERMIS
ALERTE
PLAINTIVE
CONSENTEMENT
GALVANISER

ORNÉ
FIASCO
COLLOQUE
IMMANENT
ARGOT
SATISFAIT
CHÂTIER

COMPROMIS
FRACAS
GALANT
DISSUADER
LINÉAMENT
FACTEUR
TRANSPORT

Puzzle 12

```
A  R  F  W  É  R  D  É  B  Â  C  L  E  Ù
E  M  L  A  C  E  D  U  L  É  L  W  Û  T
I  F  B  T  S  U  Q  A  R  A  D  N  I  Ç
R  L  D  I  V  G  R  E  T  R  O  P  M  I
T  É  U  C  G  L  D  N  F  Z  C  E  O  D
É  A  R  I  V  U  E  É  K  M  V  R  P  É
M  U  É  F  I  M  Ë  È  N  I  K  Q  T  I
Y  E  E  É  A  O  Î  S  T  O  K  F  I  F
S  Q  N  D  N  R  À  R  P  D  N  B  O  I
I  X  N  A  Z  P  O  Î  Y  V  K  C  N  E
D  O  B  P  C  B  E  R  R  A  N  T  E  R
F  Y  Q  C  A  E  V  I  T  A  N  R  X  R
I  N  C  O  H  É  R  E  N  T  N  L  H  È
T  T  R  A  N  S  C  R  I  R  E  Ç  P  Â
H  I  S  T  R  I  O  N  I  Q  U  E  C  E
```

DÉFICIT	DÉIFIER	CALME
INCOHÉRENT	ABORTIVE	DÉNONCER
ÉLUDE	ERRANT	FLÉAU
DURÉE	PROMULGUER	TRANSCRIRE
MENACE	NATIVE	DÉBÂCLE
SYMÉTRIE	HISTRIONIQUE	FONDAMENTAL
AMBIGUËS	IMPORTER	OPTION

Puzzle 13

À S K M N Ç Y M Â B D Û M F
A I I R O L I P U R N Ê É U
P G Ù S I R T T A E O B M S
É N T I T L A D X N V N O I
È A N M N U N T R È I O R L
V L E U E A O N O G C I A L
D A C O T T I A O I E T N A
É S S S É R T L R D R C D D
F P E T R O C L Q N T E U E
É A N A E U U I M I Z S M A
R T A V I P R T V A Û É Ç B
E I V O H E T N I I N É E L
N A É C R A S I U S T D Z O
C L S A F U E C Ù O G A A N
E H L T F B D S È Ù E W L T

SIGNAL   SPATIAL   STANDARD
ÉVANESCENT   DÉFÉRENCE   DESTRUCTION
MORATOIRE   INDIGÈNE   FUSILLADE
VITAL   SOUMIS   TROUPEAU
NOVICE   PILORI   SECTION
VASTE   MÉMORANDUM   MANDAT
SCINTILLANT   RÉTENTION   AVOCAT

Puzzle 14

```
R É C H A F A U D A G E B U
E É A F F L I C T I O N I T
T P T R H A P S O D I Q U E
S R N R D A C E R B E R I C
A É E F O É X H Û S B S N R
M D M Ê O S P U P U I É V U
S I E E È R P A L O Î R I O
O L S L O À M E S É À I S S
U E S P Y T N A C S E E I S
L C I U É C W L T T E D B E
I T C O E R I D L I R L R R
G I N S Q P À E Ê À V V E I
N O A Û S E F F A C E E E È
E N R E N T O U R A G E Î G
R W C H A N C E U X U À Â C Y
```

RHAPSODIQUE	SOUPLE	PRÉDILECTION
ACERBE	ÉCLIPSE	ÉCHAFAUDAGE
SOULIGNER	ENTOURAGE	SÉRIE
DÉPASSER	CHANCEUX	FORMATIVE
RANCISSEMENT	MASTER	INVISIBLE
RÉTROSPECTIVE	DIRE	RESSOURCE
AFFLICTION	TURBULENCES	EFFACE

Puzzle 15

```
E  E  L  I  B  É  L  É  D  N  I  P  D  C
C  Ù  F  R  E  I  R  T  A  P  X  E  É  O
N  A  I  F  A  F  F  R  O  N  T  N  L  N
E  Ê  P  À  E  B  A  N  I  M  É  C  É  S
D  C  U  A  C  R  R  Û  Î  S  A  H  T  É
É  O  O  Q  C  L  V  U  G  H  V  A  È  Q
R  R  J  M  A  I  Ê  Ê  Y  D  I  N  R  U
C  É  Ç  T  P  Ç  T  À  S  A  S  T  E  E
P  F  N  Z  P  A  M  É  Ê  C  N  J  U  N
P  E  U  C  T  X  G  L  É  È  E  T  Q  C
M  Ê  N  O  I  X  E  N  N  O  C  N  I  E
C  L  A  I  C  N  I  V  O  R  P  A  T  S
I  M  P  L  I  Q  U  É  K  N  Ê  C  O  O
A  S  S  O  R  T  I  M  E  N  T  J  X  B
A  P  P  R  O  B  A  T  I  O  N  V  E  K
```

APPROBATION	AFFRONT	MENTAL
ASSORTIMENT	ANIMÉ	PENCHANT
CAPACITÉ	FÉROCE	IMPLIQUÉ
CRÉDENCE	INDÉLÉBILE	CONSÉQUENCES
BRUYANT	COMPAGNON	AVIS
EXPATRIER	EFFERVESCENT	EXOTIQUE
CONNEXION	DÉLÉTÈRE	PROVINCIAL

Puzzle 16

D G I V Û R E S P E C T Z Û
T I T N E L A V É R P D R O
E P A I C T E T L E T É N N
C L O B N O M W É I D É É É
H É B R O T N Â Z U Ù L G R
N N S E Ê L E S I W H O O E
I I T M Ç K I R C L P G C U
Q È I U P H E Q C I F E I S
U R N H L V J G U E E N E E
E E É X R Ç Î N Z E P N R S
R E L E T N A M É D V T T E
Ù Ç S C U L M I N E R P E C
Y É G A R U O C É D B D H R
R U E D N O F O R P Y Û G A
E N C O M B R E R R B Û D Z F

EXHUMER
DÉCOURAGÉ
TECHNIQUE
DIABOLIQUE
PLÉNIÈRE
NÉGOCIER
RÉSERVE

PRÉVALENT
ENCOMBRER
RESPECT
RÉDUIRE
INCONSCIENT
CULMINER
ONÉREUSE

OBSTINÉ
DÉMANTELER
FARCE
PROFONDEUR
ZÉLÉ
ÉLOGE
INTERCEPTER

Puzzle 17

```
C O M P L I Q U É Ç Ç E L L P
C A L C U L E R J O C G I H H
R É A C T I O N R V F X T I P
A H U R I R M E Û E I H T L L
Q À À F T I U Q R R T F É I I
J W E N U Q Û U U I C I R S
W U E Ç I Y E A E O A S A T
A G D L H L J N T T I R L I
À P I G S I T A A N E G N
R X W I C Ù É I R T H V O A
E L S E H I D T R N É B Ç P
X F E I N T E É A E R U I D
A B R É G E R U N T E S T C
I N F U S I O N X S N D K Î
E X I G E A N T E O T P O P
```

CALCULER   AGENT   ACTIF
NARRATEUR   INHÉRENT   AHURIR
EXPLIQUER   PHILISTIN   INFUSION
SIGLE   ABRÉGER   JUDICIEUX
RÉACTION   EXIGEANTE   SUBVERSIF
QUANTITÉ   COMPLIQUÉ   OSTENTATOIRE
LITTÉRAL   AGRAIRE   FEINT

Puzzle 18

M	G	I	P	J	U	S	T	I	F	I	E	R	R
A	U	É	R	U	G	É	I	F	Ç	R	G	A	E
L	P	T	N	R	I	X	T	Z	Î	E	U	R	T
H	R	I	Î	O	É	S	N	F	È	T	J	C	E
E	O	N	K	P	T	G	S	Q	E	I	M	H	N
U	T	U	D	O	N	Y	U	A	I	G	U	I	T
R	A	P	É	L	A	P	P	L	N	O	D	P	I
E	G	M	S	I	L	O	F	E	I	C	N	E	S
U	O	I	E	T	L	T	P	S	F	È	E	L	S
X	N	L	S	I	I	E	Û	X	N	L	R	V	A
P	I	Z	P	Q	E	N	C	A	I	E	É	E	N
Y	S	T	O	U	V	T	K	R	S	O	F	Ù	T
A	T	E	I	E	L	A	O	È	I	R	É	C	Z
Û	E	H	R	Ù	A	T	H	F	E	S	R	È	U
F	Ê	T	E	Q	M	T	Z	W	S	R	E	V	A

RÉFÉRENDUM	L'IMPUNITÉ	PUISSANCE
GÉNOTYPE	POLITIQUE	POTENTAT
PROTAGONISTE	CRISE	COGITER
DÉSESPOIR	IRRÉGULIÈRE	AVERS
MALVEILLANT	RETENTISSANT	FÊTE
JUSTIFIER	ARCHIPEL	JUGE
INFINIE	MALHEUREUX	THÈSE

Puzzle 19

```
P D I V E R S E R S U T M R
É È I E H S G E R U L C X E
N E F L M A M M P B H E Î D
I U K P L M Q R C I R J E I
T Q E L O G Ù O O N E L R A
E I I N G R Z N M M C E D L
N P Â Û U E C É J O A U N P
C Y K Î Ê T O V I P L Q I C
E T Û L U E R Â È A P I E O
Î É Ç E H H Û O T K M N T L
È M U S T C Y I P U E O T O
Q X Z Ç Ç A O T É P R R A P
G L U T I N E U X W O I L H
D É L I M I T E R È Ç N È O
T O R S I O N W D E A V I N
```

TYPIQUE
IRONIQUE
PILLAGE
PÉNITENCE
DIVERS
ADULATION
NOMMER

PIVOT
ONCTUEUX
OMNIBUS
ACHETER
EXCLURE
REMPLACER
GLUTINEUX

ÉNORME
ATTEINDRE
INOPPORTUNE
PLAIDER
TORSION
COLOPHON
DÉLIMITER

Puzzle 20

```
S  Â  X  U  E  R  E  G  N  A  D  E  S  C
O  M  E  S  I  M  E  R  O  I  U  C  O  A
M  Q  E  W  Ô  K  O  R  S  Q  E  A  L  N
B  N  J  L  Î  W  À  T  I  H  J  N  V  A
R  O  P  D  Q  H  E  T  S  E  P  G  A  T
E  I  X  S  J  N  S  Y  S  Y  E  U  B  H
D  T  E  I  D  A  L  A  M  L  K  P  I  È
H  N  Z  H  H  A  R  N  B  A  O  Â  L  M
Y  E  O  C  Q  H  E  A  R  P  M  W  I  E
U  T  O  V  P  Ù  R  I  S  Î  A  W  T  R
I  T  D  A  I  É  É  N  É  M  U  S  É  R
S  A  R  Û  N  C  G  N  F  A  T  A  L  D
Ù  A  S  É  N  O  R  É  M  U  N  Q  Ç  W
P  X  V  R  E  D  O  U  T  A  B  L  E  Î
E  M  B  O  U  C  H  U  R  E  F  Û  À  U
```

SOMBRE	MALADIE	DANGEREUX
NUMÉRO	DIPLÔME	PESTE
DISTEND	INNÉ	ATTENTION
VÉNÉRABLE	SOLVABILITÉ	PARAPHRASE
REMISE	PUGNACE	ANATHÈME
STOCHASTIQUE	REDOUTABLE	RÉSUMÉ
GÉRER	EMBOUCHURE	FATAL

Puzzle 21

```
A P T P E T T E N G I V A S
M A R R O L Û O Î L J Î U Y
N R A T É L I À C G Ê R D N
I V I U N T É C Ç É H É A C
S E T T A N L M A K G G C H
T N É U R O O O I F Y I I R
I U T F O L S K D Q S O E O
E I M E P F I M Â P U N U N
S M Ê I M Û Z P E C Ù E X E
X R L N E C A C I F F E N I
È D É D T À T M P J S A W Y
S C E R X R L A I V O J É Y
G J J E E E V I S N E P Z Z
C O N T R I B U E R E V S I
E M B A R Q U E R J Ù R Û G
```

FEINDRE	AUDACIEUX	RÉGION
MÊLÉE	AMNISTIE	CONTRIBUER
TRAITÉ	PARVENU	FACILE
SITUATION	MINER	PENSIVE
ISOLÉ	EMBARQUER	VIGNETTE
EXTEMPORANÉ	JOVIAL	POLÉMIQUE
SYNCHRONE	SPECTRE	INEFFICACE

Puzzle 22

```
A G I L E E È È R T Ê C N A
O Û S Â T E L B I G N O F E
O C A I W C H S U P O M G G
À T L Î A F È D É C I M E R
I É C T Û O A N E Ê T Z C E
G N S G R A T U I T C I N L
F B V P R U D E N T I O E R
O O E É M R I F F A F H M T
V E P Y T O É R É T S I É E
É L G K V É Z J I T Â K L S
Ç E I H P A R G É R O H C S
E N D U R E R É K S J Z G O
S U B S I S T A N C E N N N
M É L O D R A M A T I Q U E
Q U N O M E N C L A T U R E
```

FONGIBLE
TESSON
GRATUIT
FICTION
NOMENCLATURE
INVÉTÉRÉ
OPUS

PRUDENT
OBSTACLE
MÉLODRAMATIQUE
AOÛT
SUBSISTANCE
STÉRÉOTYPE
ENDURER

CHORÉGRAPHIE
ÉLITE
CLÉMENCE
AFFIRMÉE
DÉCIMER
ANCÊTRE
AGILE

Puzzle 23

```
D  W  È  E  I  P  O  T  U  É  A  Â  S  H
É  X  J  C  T  E  Z  C  T  T  E  C  I  A
R  T  U  S  Ù  C  G  É  Ù  É  Ê  U  M  U
I  Î  Ê  A  O  I  Ù  E  I  Q  N  I  S
V  R  U  L  U  R  C  T  U  T  E  S  L  P
É  A  S  A  P  T  C  Z  Q  A  I  T  A  I
P  D  J  O  F  A  P  M  I  S  R  R  I  C
R  E  R  C  X  À  O  M  N  S  E  U  R  E
É  P  E  E  S  O  R  T  O  P  T  C  E  S
S  L  I  V  I  C  N  W  D  S  N  T  T  X
E  M  V  Ù  V  E  U  R  R  Y  O  U  S  À
N  H  É  È  N  F  Y  Î  A  V  R  R  E  M
T  Y  D  A  E  Â  F  Ê  S  W  F  E  R  I
E  Â  M  I  M  P  U  L  S  I  F  S  Y  À
R  É  É  V  O  L  R  I  N  U  E  J  A  R
```

PRÉSENTER
CIVIL
TIRADE
IMPULSIF
ÉMANENT
EFFRONTERIE
SARDONIQUE

DÉRIVÉ
SIMILAIRE
AUSPICES
ATROCE
SOMPTUEUX
PROPRIÉTÉ
UTOPIE

SATIÉTÉ
DÉVIER
RESTE
RAJEUNIR
COALESCE
EXACT
STRUCTURES

Puzzle 24

```
A F L A G R A N T W T G A E
R E N I M U R W H N C À R U
T I L F N O C R E K I O P Q
I T E O E I T R A P H D H Y
F É I F I L A U Q T A N T T
I À P V G P É T É I P N D P
C Q F R S J D L D J E I I I
I S U N E W P W H R D D D R
E Â A O Ù S D M É Ç I E A T
L R Z H R Â C H T Â C N C A
T S A G A U D I P Ç U T T S
Y É Z Û Û A M X E C L I S S
P R É J U D I C E N D Q Q I
C O N V E R S I O N T U U D
R E S T R I C T I O N E E U
```

PIÉTÉ	CONFLIT	CONVERSION
PLÉTHORE	FLAGRANT	RUMINER
PARTIE	DIDACTIQUE	SAGA
QUORUM	TRANSPARENT	ARTIFICIEL
PRÉJUDICE	ASSIDU	LUCIDE
RESTRICTION	ADHÉRENT	PRESCIENT
QUALIFIÉ	IDENTIQUE	TRIPTYQUE

```
È  D  Y  A  Â  F  Y  G  T  R  I  P  Q  Q
L  F  K  H  D  J  Z  R  F  I  N  R  X  V
Ê  K  Ù  Î  S  O  Ê  Ê  O  T  T  O  Ù  À
O  A  K  D  J  O  P  I  Ê  U  R  S  E  P
I  N  H  I  B  E  R  T  D  E  O  A  I  E
F  A  C  E  T  T  E  I  E  L  S  Ï  X  S
O  B  L  I  G  E  A  N  T  R  P  Q  P  E
P  R  É  H  E  N  S  I  L  E  E  U  A  C  R
I  R  I  P  O  S  T  E  H  T  C  E  S  R
É  N  I  F  F  A  R  B  F  P  T  L  S  E
E  C  S  E  I  U  Q  C  A  A  I  B  I  T
E  I  M  É  D  N  A  P  P  D  V  A  O  J
E  H  P  Y  R  C  O  P  A  A  E  F  N  H
T  Ù  R  I  N  E  T  S  B  A  S  F  N  Â
L  É  T  I  V  A  R  G  Z  N  Q  A  É  F
```

ADOPTER	RITUEL	PRÉHENSILE
ACQUIESCE	INTROSPECTIVE	RIPOSTE
PASSIONNÉ	AFFABLE	PANDÉMIE
APOCRYPHE	ADAPTER	PROSAÏQUE
INHIBER	INITIER	SECRET
OBLIGEANT	INSÉRER	GRAVITÉ
S'ABSTENIR	RAFFINÉ	FACETTE

Puzzle 26

```
I N V A R I A B L E Ç S E W
D I S P O S I T I O N Ç L V
E I T N E R P P A L Z Q B H
N H N O I T A C I F I T A R
O S D R O M E R G M P U I X
I Û X M P R A I R I E K F R
S Q É E R I A M I R P P E E
L A P P R O P R I É Ù G U E
U T I L I T A I R E N Q V R
P É R I L L E U X A Ï A E O
É È H G M D D H D A U Z R B
R Ç Z C X P À Û L S J V R U
É T I N U T R O P P O M O S
N D F U X O R Ç I Y D O N T
T N A S S E C N I A É F É E
```

COUCHÉ
ROBUSTE
OPPORTUNITÉ
APPROPRIÉ
DISPOSITION
ERRONÉ
UTILITAIRE

PRIMAIRE
INVARIABLE
REMORDS
SUAVE
FIABLE
LAÏQUE
RÉPULSION

PRAIRIE
PÉRILLEUX
APPRENTI
DANGER
RATIFICATION
INCESSANT
NORME

Puzzle 27

```
Ù T G É N É R I Q U E P R Î
P X H G P R Q O Ç É L U E E
I C E É E V I S S I M R C U
E Q N T R E R U J B A G L Q
U G I N U A X X L Q E A U I
Q M A A C G P U Q U Ç T S N
I U B I É W M E Q N N I E O
M X U F N E Ç I U É Û F B R
A T A N I T F P C T G L E H
R J N O S I Z O Û Ê I T R C
O B O C N Ù V C J T P Q V E
N Û S G H S G É É A Z V U Ç
A Z A W H Î Û R D E Ç Û Œ
P M L A J B E A P R I V E R
L K B C D R S E N G L O B E
```

OBLITÉRER

MISSIVE

AUBAINE

CHRONIQUE

RECLUSE

ABJURER

ENGLOBE

COPIEUX

GÉNÉRIQUE

ŒUVRE

MAGNIFIQUE

BLASON

PANORAMIQUE

THÉRAPEUTIQUE

IMITER

SINÉCURE

TÉNU

PRIVER

CONFIANT

S'ADAPTER

PURGATIF

Puzzle 28

```
C A D I V U L G U E R P D M
C É P R U E P M O R T W É W
O Q S P A E N R E T X E P N
M F É A R M T G Y R U D Ô O
P È J M Ç É N F À Q É Z T I
L È O F Y A C M C L M W Ù S
I E U V R H A I E U G O V S
C R R É C J Ç C E I Â K Q U
I I D S O S T G È R K S W C
T A T R A A C A P A B L E R
É I I A B E N D É M I Q U E
K T M L A P H A S I E O G P
É R E L L I P S A G T I U É
R R E R O M É M M O C P S F R
H T P E R P É T U E R D Ç X
```

CAPABLE
VOGUE
RÉPERCUSSION
KITSCH
COMPLICITÉ
DÉLECTABLE
DÉRANGER

EXTERNE
TERTIAIRE
FUGUE
COMMÉMORER
DÉPÔT
ENDÉMIQUE
DIVULGUER

APPRÉCIER
PERPÉTUER
APHASIE
GASPILLER
SÉJOUR
MAJORITÉ
TROMPEUR

Puzzle 29

```
S Y M P A T H I Q U E G B P
X I F C O M M U N I Q U E R
Q G J A L T E R C A T I O N
A U T O R I T A I R E E À T
S T I G M A T I S A T I O N
R A B A I S S E R R D N G A
U É D V F À N D Z E I L R
T L E C A F R U S C S M O É
S E T R Ô L E T L H S O S G
E E N I N A S I Â E I N S I
T É N A M E B T C R D G A L
D È Â S C A É A H C E I I L
E Q V S U E T L E H N D R E
C É D E R I Ù U X E T D E B
A N N U E L T Î M C Z À Ù Q
```

STIGMATISATION

GLOSSAIRE

ULTIMATUM

CÉDER

RÔLE

ALTERCATION

SURFACE

SYMPATHIQUE

IGNOMINIE

ANNUEL

DISSIDENT

RECHERCHE

BELLIGÉRANT

RABAISSER

AUTORITAIRE

TEST

TENACE

S'ENSUIT

LÂCHE

COMMUNIQUER

LATITUDE

Puzzle 30

```
A I C E T R P S K R N H O R
P N O S R É U É Ç U È È E C
T T M T O P B P R Â Q S R O
I R P I G U L A E N I I I R
T U R M L T I R H U C N O R
U S E A O A R É P C O E T O
D I N T D T E É A O N X I B
E V D I Y I P L R N F O R O
C E R O T O O O G T I R É R
V R E N E N R M I I D A M E
O K É V U Z T M P E E B É R
L G S D T F A I É N N L I O
U R J Ê U T G Z H T T E U I
M Ç Ç N V L E S O U T R I V
E U Q I P P E A G R É G A T
```

CONFIDENT
INTRUSIVE
RÉPUTATION
CONTIENT
PIQUE
VOLUME
AGRÉGAT

SÉPARÉ
IMMOLÉ
CORROBORER
APTITUDE
ESTIMATION
MÉRITOIRE
PUBLIREPORTAGE

VIRTUOSE
ÉPIGRAPHE
INEXORABLE
ÉPUISER
CRÉDULE
COMPRENDRE
TROGLODYTE

Puzzle 31

```
A U T O D I D A C T E B Z D
T S O B R I Q U E T È A R É
T E M P O R I S E R B F P C
I D N O S I A I L A Û O A R
Q N I L T B B L B L È U N Y
A I D S D P O P A L I E D P
F M P U P Ù K F U O M R É T
F P A R I A G P M U P D M E
I R N É S S R S M E E O O R
C O O N K B E A I R C Y N V
H M P O K C E N T Â C E I I
E P L V X Z H O T E A N U S
R T I E L B I S I V B N M I
Î U E R U T L U C Ê L E S O
M M D I S S I P E R E M H N
```

IMMUABLE	VISION	VISIBLE
DISSIPER	DOYENNE	PANDÉMONIUM
IMPROMPTU	LIAISON	RÉNOVER
DÉCRYPTER	INDUISENT	PANOPLIE
CULTURE	BAFOUER	IMPECCABLE
SOBRIQUET	AUTODIDACTE	DISPARATE
TEMPORISER	ALLOUER	AFFICHER

Puzzle 32

```
P R É C U R S E U R E D F F
R E E Y N E I M Z I L I A L
E R L H N Ê N R M M I V C U
L I B T X Z E O B O T E I C
É T I È À D T A H R C R L T
V T U N É O A D W T A G I U
É A G C H B W I T E T E T E
R D N C R B H A G L U N E N
N O I T A C O V É U Î C R T
C D T C O L O N N E I E È Î
Ç F X V E N G E U R O S T H
B U E T R A N S F E R T E O
Y B N S É D E N T A I R E R
Ê U I C O L L U D E L C T Ê
P É R É G R I N A T I O N D
```

MORTEL	MIEN	FACILITER
AIGUISER	COLONNE	ÉVOCATION
INEXTINGUIBLE	COLLUDE	DICHOTOMIE
ENTITÉ	TACTILE	TRANSFERT
CONCÉDER	ATTIRER	DIVERGENCE
FLUCTUENT	VENGEUR	SÉDENTAIRE
PÉRÉGRINATION	PRÉCURSEUR	RÉVÉLER

Puzzle 33

```
I Q X S I N F I L T R E R S
R D U J O I N D R E S U R Â
É R E N N O I S S E R P M I
C S N N O I T A C I F I D É
U T I S T H V E E E Î Y C I
P A G E Q I T Î X Z À L R N
É G I H N Ô T T Y K A E V T
R N T C H K R É Ù I N D É R
A A R A F A È N R F Ç U H O
T N E T I U S O O C B T É D
I T V T E À B R H N R I M U
O È E A Q S C Ç À N K T E I
N F I T C E J B U S N L N R
I N C U R S I O N F F A T E
K W R T E M P É R A N C E Z
```

INTRODUIRE	HÔTE	RENFORCER
S'INFILTRER	SUITE	SUBJECTIF
IMPRESSIONNER	JOINDRE	TEMPÉRANCE
RUSE	ÉDIFICATION	IDENTITÉ
STAGNANT	VÉHÉMENT	EXTRAIT
CLAIR-OBSCUR	ALTITUDE	VERTIGINEUX
ATTACHE	INCURSION	RÉCUPÉRATION

Puzzle 34

```
C E C Y C L E E E O N F T T I
Y R M Y M Â R I O I A P Q M
N D N I I U R I H A U E O P
I N H P T A T V Ê É X R X R
Q I G C N I C O H É S I F O
U O A É S R G M O E A A P V
E R C O U É I É E U R N A I
F S P L À S R C L Q C N T S
H M K E O I E A I I H O R A
I J Z G S D T C G T É I I T
M Ç Y M Q U O H A O T T A I
À N P N Ç E U E R I Y A R O
E S V J X L R T F M P T C N
S O L I T A I R E É É E S H I
A N A C H R O N I S M E M E E M
```

SÉMIOTIQUE
LÉGITIME
ANACHRONISME
FAUX
FRAGILE
CYNIQUE
OINDRE

COHÉSIF
RETOUR
FRACTURE
IMPOSITION
CACHET
ARCHÉTYPE
CYCLE

MISOGYNE
STATIONNAIRE
SCÉNARIO
RÉSIDUEL
IMPROVISATION
PATRIARCHE
SOLITAIRE

Puzzle 35

```
V B I È M F O I V D E Y Ù E
E I N D U Ç B T I É V É F Â
R W C S L H L N B V I N F P
B P O É T M I E R E T N R K
A R N N I A Q L A L I O E N
T O V E P I U Ê N O S D I R
I B E S L G E M T P O R D H
M I N C I R I E É P P O U É
O T A E E E Ù R F E Ê B P T
À É N N R F E T O R À U É O
S D T T È R U N U G Ù S R R
A C T U E L L E M E N T Î I
P A R O D I E S L A S S E Q
E N D O S S E R I A P M I U
L I Q U I D E R Z Ç C M Z E
```

RHÉTORIQUE	SÉNESCENT	RÉPUDIER
POSITIVE	MULTIPLIER	SUBORDONNÉ
INCONVENANT	DÉVELOPPER	VIBRANT
ACTUELLEMENT	OBLIQUE	PARODIE
PROBITÉ	LIQUIDER	VERBATIM
ENDOSSER	S'ENTREMÊLENT	LASSE
IMPAIR	MAIGRE	PROSPÉRER

Puzzle 36

```
P E R S I S T E N T S Ç N T
I L L U S O I R E Ç X I N E
É B D P E U G O L A N A É À
M A I O Î Î À Q Ù S H N É I
I F S T I Q Ù W T C A U T N
S F C A P Y H A N T E D E F
S E R B É R B A L É D É N R
A N E L R L R U À S U M D U
I I T E E T M E È Û L U R C
R K C Ç J I Î R R È É N E T
E I A K S M G Q D É R I Î U
E I M O N O X A T R P S D E
P F E N R U I D H I Y O A U
I V Ç P M O D E S T E S O X
S E X T R Ê M E M E N T L C
```

ILLUSOIRE	COOPÉRER	PRÉLUDE
DISCRET	ÉTENDRE	INFRUCTUEUX
ÉMISSAIRE	PERSISTENT	TRANCHANT
INEFFABLE	DIURNE	DÉMUNIS
PROGRÈS	POTABLE	SIMULTANÉE
INSTABLE	DÉLABRÉ	ANALOGUE
TAXONOMIE	MODESTE	EXTRÊMEMENT

Puzzle 37

```
É P Â T I S S E R I E S Ç E
R Ç V E I A H S L D Î J P G
A L E À N V D L O G E E A S
D C S D D A M Z I M R N U T
I E T T É N T U C P M V S T
Q U I N C T R X É Ê M E S E
U Q G E I A E T R E N I T E
E I E M S G R R J G Q E X C
R T N E M E H C O R P P A R
E A M L R V A I L L A N T K
N M O P L U T D O N Z U À W
É G I M R E R T S E U Q É S
I I T I E U Q I F I L O R P
L N I S Û N V R A P P O R T
A É É Î Ê E E F O N C T I O N
```

DENSE	RAPPROCHEMENT	VAILLANT
RAPPORT	AVANTAGE	PROLIFIQUE
SOLO	ÉNIGMATIQUE	MOITIÉ
FONCTION	SIMPLEMENT	ÉRADIQUER
ALIÉNER	VESTIGE	SÉQUESTRER
INERTE	INDÉCIS	SOMMET
PÉRPÉTRER	EXPANSIVE	PÂTISSERIE

Puzzle 38

```
D I N V U L N É R A B L E P
Î I R X P Ù E E N T R É E R
M Î S A D C J A C H È R E É
R E T S I S S A Û U Ê W S D
E S U T I H É R I T A G E I
M Ç C É A M J A R G O N S S
À A U P Î E U Q N A M X S P
F A R C A N E L H Û U M E O
E X C U S E S W E E I B N S
L A P A T H I E I R R U I E
W N O I S S E R G É R A F N
U W P E I G O L O T N O R T
C S X Â O B D É F U N T E E
R Ê R R A C E R T N O C N X
M Ç U L E M P H A T I Q U E
```

JACHÈRE	L'APATHIE	DISSIMULER
ARCANE	FINESSE	ASSISTER
HÉRITAGE	DÉFUNTE	CONTRECARRER
EMPHATIQUE	PRÉDISPOSENT	EXCUSES
ONTOLOGIE	RÉGRESSION	INVULNÉRABLE
LABORIEUX	JARGON	ENTRÉE
FACTICE	MANQUE	RARE

Puzzle 39

```
I  R  S  S  I  L  L  I  E  R  T  A  F  E
R  É  U  O  É  T  I  R  O  T  U  A  S  V
D  P  B  U  Y  P  J  Y  E  C  É  O  É  I
É  R  T  R  E  G  A  V  A  R  I  V  Î  T
C  É  E  C  A  C  C  È  S  D  É  Î  W  É
R  H  R  E  É  R  O  D  N  N  J  L  H  R
O  E  F  D  V  À  K  A  E  N  É  M  O  Y
I  N  U  N  A  I  R  M  H  É  P  N  U  T
S  S  G  A  U  G  E  E  R  R  E  U  R  À
S  I  E  M  B  N  C  R  I  T  I  Q  U  E
A  B  F  I  T  C  A  R  T  T  A  R  B  G
N  L  Ù  R  A  B  S  O  L  V  E  Z  C  N
C  E  J  P  P  R  O  P  O  S  E  R  B  I
E  M  I  É  A  P  P  A  R  I  T  I  O  N
A  Ê  N  R  D  É  M  I  S  S  I  O  N  G
```

PROPOSER	ERREUR	AUTORITÉ
DÉCROISSANCE	ATTRACTIF	ABSOLVEZ
RÉPRIMANDE	APPARITION	RÉTIVE
SUBTERFUGE	DORÉE	SOURCE
TOLÉRER	RÉPRÉHENSIBLE	ÉVÉNEMENT
CRITIQUE	ACCÈS	TREILLIS
DÉMISSION	RAVAGER	GRANDIOSE

Puzzle 40

I S R Z M P A E F H Ç P V D
M I X É H I S N Ê Â V E I É
P È Z Ê G È C Û E O O R S P
A C U V G U Î R O C G O A E
S L P É Î Û R D O À D N G N
S E X Ê É H Q G P C T O E D
E E S É J O U R I R O S T R
C O M M U N A L Z T K S E E
E M P I R I Q U E F E U M Û
T E M P É T U E U X Q R R E
G A A W R E N N O I S U F Ê
S P É C I E U X D I N D E X
È T O K L A I B R E V O R P
M L N O I T A S R E V L A M
V É R A C I T É L I T I G E

COMMUNAL   SPÉCIEUX   SÉJOUR
VISAGE   FUSIONNER   PROVERBIAL
SONORE   INDEX   RÉGURGITER
TEMPÉTUEUX   MALVERSATION   SIÈCLE
EMPIRIQUE   EXÉGÈSE   ANECDOTE
LITIGE   VÉRACITÉ   ABDIQUER
IMPASSE   MICROCOSME   DÉPEND

Puzzle 41

```
I O C M A T R I A R C H E G
B E R I O T P M E R É P I R
P E R F I D E Â L E K P N O
E X T R A D E R B Y R T A T
S U B L I M E C I O U E T E
E S U T B O O A S L Î H I S
T X A K À N Î C R P D C L Q
D R C E J É R P E M W I T U
C A A U Y I W D V E E T N E
M O G V R W È O É T G S Î É
I A N E E S P A R A N O Ï A
L R L T B R I X R G A R C P
X A Î D R Î S O I H L C I Z
P R O X Y A M E N X É A T É
O P A Q U E T Ç Z W M I E U
```

GROTESQUE   EXCURSION   OPAQUE
PARANOÏA   CONJUGAL   CONTRAT
SUBLIME   PROSCRIRE   LITANIE
PROXY   EMPLOYER   EXTRADER
ACROSTICHE   IRRÉVERSIBLE   MÉLANGE
TRAVERSEZ   MATRIARCHE   CITE
PERFIDE   OBTUSE   PÉREMPTOIRE

Puzzle 42

```
W Z C R A E T Q V Î R F R M
R P A U N X A É R B G L U O
P A L F N C P D M A Â A E Y
T I O O U E A O J É Ù I P E
D N M R L P À B R U R R R N
I F N T E T È Â S E R I O N
S A I U R I M L E O U E T E
P I E I P O T S Y D R S R É
O L U T Y N L O U R D B E K
S L X E L B I G N A T B E T
É I E S P É C I F I Q U E R
D B C O L L A T I O N N E R
E L M O D É R A T I O N R M
P E U Q I T S A N O M Ç Î F
R U D I M E N T A I R E Â C
```

RUDIMENTAIRE	POREUSE	DYSTOPIE
TÉMÉRITÉ	FORTUITE	COLLATIONNER
ANNULER	TORPEUR	MONASTIQUE
MOYENNE	MODÉRATION	EXCEPTION
TANGIBLE	ABSORBER	CALOMNIEUX
ADJURE	LOURD	SPÉCIFIQUE
DISPOSÉ	FLAIR	INFAILLIBLE

```
S  P  O  L  A  R  I  S  A  T  I  O  N  D
T  Y  D  E  S  C  E  N  D  R  E  Î  Û  K
E  R  L  C  L  A  N  D  E  S  T  I  N  E
L  F  I  L  V  Û  Â  Z  T  I  P  É  R  R
L  Ê  F  V  O  R  K  B  X  Q  F  U  I  D
I  B  W  U  I  G  L  Â  E  T  E  È  R  N
U  R  Ê  Q  S  A  I  L  T  I  L  Z  U  E
Q  E  W  S  S  I  L  S  R  I  B  K  O  C
N  F  O  É  Î  È  V  É  M  M  I  E  C  S
A  I  Û  I  É  M  T  E  N  E  X  R  N  E
R  R  R  E  R  A  L  C  É  D  M  E  S  O  D
T  N  E  L  U  R  I  V  F  W  L  A  C  N
J  U  B  I  L  A  N  T  U  O  F  T  I  O
C  A  L  E  N  D  R  I  E  R  À  Z  B  C
Â  F  G  F  F  H  A  B  I  T  U  D  E  U
```

ULTÉRIEUR	CONDESCENDRE	CALENDRIER
FLEXIBLE	DÉCLARER	CLANDESTINE
ERSATZ	BLASÉ	HABITUDE
RÉPIT	TRANQUILLE	VIRULENT
BREF	TEXTE	POLARISATION
CONCOURIR	TRIVIAL	SYLLOGISME
DESCENDRE	JUBILANT	EFFUSIVE

Puzzle 44

```
M É T A M O R P H O S E T R
L E R I O T A G O R É D Ù E
P L A G I A T D I V E R S R
E B I N C E N D I A I R E É
U A É M O T I O N N E L B V
G T É Q U I V O Q U E R R É
I N T E R F É R E N C E S S
T E P M E Ç U E A Â Ê T L R
A M A R M J N R M Î B I W E
F A N O I È É É A J E D M P
Ç L A F R D T P S S U É H U
Y H C N P R N O N Y Ê N À R
V Ê H O É H O O M O N É T A
Q Z E C D Ù C Y B D V Ç N E
R È G L E M E N T I É R Y O
```

OPÉRER	CONSEILS	RÈGLEMENT
PLAGIAT	AMAS	PANACHE
DIVERS	ÉDITER	INTERFÉRENCES
CONFORME	FATIGUE	ÉMOTIONNEL
INCENDIAIRE	JUNTE	CONTENU
MÉTAMORPHOSE	DÉROGATOIRE	DÉPRIMER
PERSÉVÉRER	LAMENTABLE	ÉQUIVOQUE

Puzzle 45

```
Y E C A I P D V R H À Y V M
W U À B N É M É E U L U E U
Î Q Y J S D O C S L A Z N L
Y I G E P A M R I O E O È L
S T E C I G E É L S R É G A
N C U T R O N D A B I D O H
O A Q E E G T I R A R D R Z
I L I M A I A B T Û C O É E
T Y N S L E N L N É S M T S
A H O I S I É E E V N I É E
V P T R O A E U C A I N H C
I O A O Ç D N N É C S A É T
R R T H A Ù Â T D U G N É E
P P A P C O F Q E E K T À U
G W C A Â Ê D I D R O S O R
```

MOMENTANÉ	NAISSANTE	DÉCENTRALISER
INSPIRE	HÉTÉROGÈNE	APHORISME
PRIVATION	CRÉDIBLE	ABJECT
S'INSCRIRE	DOMINANT	MULLAH
PROPHYLACTIQUE	PÉDAGOGIE	ABSOLU
SORDIDE	CATATONIQUE	DÉSORDRE
ÉVACUER	SECTEUR	LIEN

Puzzle 46

```
É L O I S I R S E E T Û R T
T E J U S K F U U N B E E Â
R P Î H B R G Q A E P S G Â
A R G Î È O I U Ù M V U A A
N U E R L X T Î O M E B S U
G E A O E I Ç R È A R R I A
E S M L T L T D Z G B E V P
À O Î S L H U L S L I P N P
H P N O G N Î C X Q A T E A
Â O É R O D E R I G G I É U
C F L O T T A N T T E C F V
P R O U E S S E S C S E G R
O A H E T S I C I L L E B I
I N C O R R I G I B L E G S
D O C I L E I H T A P M E Y
```

ENVISAGER
APPAUVRIS
EMPATHIE
DOCILE
SUBREPTICE
ÉRODER
PROUESSES

INCORRIGIBLE
FLOTTANT
HOMOLOGUE
LOISIRS
CONSTITUANT
TROMPER
LEXIQUE

BELLICISTE
SUJET
GAMME
POSEUR
ÉTRANGE
GESTICULER
VERBIAGE

Puzzle 47

```
P C T P L R L D C C T B D L
E O N E J E O I O O O I É A
R N E I N L C S M N U E R B
S D M R O L A S P S T N A Y
P U E T I L U A A D V I R I
I I H Â T E I A T N R E S I
C T C L A V S S I G A I O N
A E N O U R E I R U M L N T
C M A D N U R F Ç I A L N H
I S R I I S G Q Î N T A A I
T I T À S S O L G I I N B Q
É H E È N G Î M U T Q T L U
E C R R I S É D M É U C E E
E S Q U I S S E R É V Ç F
C H É T É R O D O X E X W X
```

DÉRAISONNABLE
PERSPICACITÉ
RETRANCHEMENT
DRAMATIQUE
LABYRINTHIQUE
COMPATIR
ESQUISSER

TOUT
INSINUATION
IDOLÂTRIE
CONSANGUINITÉ
CONSOMMÉ
SCHISME
DISSUASIF

HÉTÉRODOXE
SURVEILLER
LOCALISER
GLOSS
BIENVEILLANT
CONDUITE
DÉSIR

Puzzle 48

```
M N A T I O N E M T I C C I
M É V I D E D J Â U M O O N
T É T E T N I A S R P O N T
N V Q R O K S N T P U R T E
E A N F O Û R T N I L D E R
L Û O P N P I N E T S O M M
U R S R É P O A U U I N P I
P E I É P U V L T D O N O T
I G A C O N E E I E N É R T
T N N E T I C C T T Ù E A E
S A I P I T N R S E A S I N
S R L T S I O A N Î T I N T
Y T C E M F C H O A W G N E
T É N K E E L O C O T O R P
N O I T A D I P É R T C O É
```

COORDONNÉES	NATION	TURPITUDE
NÉPOTISME	PROTOCOLE	PUNITIF
SAINTETÉ	PRÉCEPTE	CONTEMPORAIN
MÉTROPOLITAIN	INCLINAISON	IMPULSION
PROFONDE	CONSTITUENT	ÉTRANGER
TRÉPIDATION	STIPULENT	INTERMITTENTE
VIDE	CONCEVOIR	HARCELANT

Puzzle 49

```
S V Y I T N E M E L O S I I
B A E N M P B R E T C C A N
À N C Û Q E I S B N O O C T
E T R O F A U M Z E N N C É
Q É L Ç R A O E R C V T U G
E S N T P R Y C E S I R M R
C F N V I N T A G E V E U I
N O F B À A D V O L I F L T
C Î O U H S S I R A A O E É
V N I H L O G V B V L R R A
D W É H Y G M O A N Ç T H U
M A R Q U E E É À O P K À G
I N D E M N E N L C Ù J O U
R I V E R A I N T I I Q Ê R
O F F I C I E U X S E W C E
```

VIVACE	MARQUE	INDEMNE
AUGURE	ACCUMULER	CONVIVIAL
VANTÉS	ISOLEMENT	HOMÉLIE
PAUSE	RIVERAIN	OFFICIEUX
ABROGER	INTÉGRITÉ	FORTE
CONVALESCENT	VINTAGE	MORIBOND
CONTRAIRE	EFFULGENT	CONTREFORT

Puzzle 50

```
E  P  I  N  T  É  G  R  A  L  E  X  C  T
N  R  E  P  I  C  I  T  R  A  P  O  D  R
R  É  X  U  E  R  B  M  O  N  N  R  R  A
A  R  E  R  I  R  C  É  D  C  C  E  E  N
C  O  U  E  H  K  A  P  I  U  K  B  S  S
I  G  S  L  P  E  Â  S  W  Ç  H  R  S  F
N  A  D  I  A  L  E  C  T  I  Q  U  E  U
É  T  A  D  R  O  L  C  N  B  M  T  H  S
E  I  L  I  G  B  O  L  N  Î  X  R  C  E
D  V  L  S  O  A  V  X  J  E  Q  E  I  R
I  E  È  T  H  R  I  Q  V  G  D  P  R  Z
G  V  G  A  T  A  R  S  T  A  V  A  R  G
E  J  U  N  R  P  F  T  H  L  Î  W  C  Î
S  J  E  T  O  S  O  U  L  A  G  E  R  B
T  H  F  L  A  M  B  O  Y  A  N  T  È  V
```

DIGEST	PARTICIPER	SOULAGER
ORTHOGRAPHIE	CONCISE	CADENCE
PERTURBER	INTÉGRALE	PRÉROGATIVE
FRIVOLE	RICHESSE	DISTANT
DIALECTIQUE	DÉCRIRE	ALLÈGUE
ENRACINÉE	PARABOLE	GRAVATS
FLAMBOYANT	TRANSFUSER	NOMBREUX

Puzzle 51

```
B E É A D M A T U R E S E R R
A M T D E T S E L É C O L É É
I Y A H M L O Y A L I L B V
L N C É A Û F J A N A U A É
L O I R N Y W R T É P T I L
I D L E D Z U E R N O I L A
A U É R E B R E E O T O I T
G E D S R R U U D I H N C I
E S C I O N H Û R T É Û N O
G P Q M I L E Ù O A O F O N
H U P M Û R É N B T S Ê C F
E R I O E I F E A I E È É A
E D A C C O M P A G N E R U
Î É L I M I N E R A V B R F
D É L I B É R É E L I W I M
```

IRRÉCONCILIABLE
L'AGITATION
LOYAL
PSEUDONYME
DEMANDER
DIMINUER
ÉLIMINER

INTERROMPRE
RUBRIQUE
BAILLIAGE
SOLUTION
MATURE
ACCOMPAGNER
ABORDER

DÉLICAT
DÉSOLÉE
RÉVÉLATION
APOTHÉOSE
DÉLIBÉRÉE
CÉLESTE
ADHÉRER

Puzzle 52

```
M R E N G I S S A Z T Ù S U
A T V É M C I T S O N O R P
E C E V É R P A X O S E M E
L C U R F V N S F A L E U R
S E Q O I L J E U B R G I A
T R I T A T Q M A D I R R C
R I D I N D Â Y N D E E A O
O A O Q T T O I O R H L L N
M N H U R T E R É P S U O T
J É T E I P P C Q N F M S E
U L É P É P R E G U L É D U
P L M D I A A J U S T E R R
A I Y Q C C A P I T U L E R
F M C N C O N S O L I D E R
O N I P L A S T I Q U E C S
```

IMPITOYABLE	DÉLUGE	SOLARIUM
ASSIGNER	STASE	DÉPEINDRE
AJUSTER	PRONOSTIC	CAPITULER
MÉFIANT	RACONTEUR	PLASTIQUE
ÉMULER	CONSOLIDER	INCARCÉRER
PRODIGUE	MAELSTROM	NÉVROTIQUE
MÉTHODIQUE	MILLÉNAIRE	SAUMÂTRE

Puzzle 53

```
Ù È N P S U P P L É A N T À
O R G A N I S E R C I V N I
L É V I T É O M P I S H A J
Z X Ù O Ù I A A E R T D V U
B G F E M X T T I C N U A X
D E B O I H P À G O E R P T
S U R M O N T E R N G A R A
T A U G H Ù I R U S I B O P
L M È V L U U N T T L L D O
X N Y È B M G E I A L E I S
E L B I S I R G L N E C G I
P R É V E N I R F C T A I T
T H É O R I Q U E I N R E I
V I T R E U X Â É E I O U O
A N O R M A L E Û L È V X N
```

AVANT
VORACE
DURABLE
RISIBLE
ORGANISER
CIRCONSTANCIEL
PRÉVENIR

THÉORIQUE
INTELLIGENTSIA
LITURGIE
SURMONTER
MORAL
VITREUX
SUPPLÉANT

ANORMALE
LÉVITÉ
PATHOGÈNE
JUXTAPOSITION
PRODIGIEUX
GENRE
MAXIMUM

Puzzle 54

```
X H T R I B U L A T I O N H
A K V A R I A N T E R Î K R
C R É S O N N E N T E À B E
Q S T R I D E N T W M R K S
U C O N S A C R E R U I A S
I S I N U E U X Û É S C S E
S Q I E U Q I R O G É T A C
I É R E R É T I É R R U G E
T N E I D A R G N Y A S V T
I P Y N T R E R T S U L I R
V F U R T I V E O I E C Y R
E U G O G A M É D Ç Û N È É
B U V D I F F U S E R Î S M
C H E V A L E R E S Q U E É
V É R I T A B L E M K F W Y
```

ÉMÉRITE	STRIDENT	VARIANTE
DÉMAGOGUE	RÉSUMER	INSENSÉ
DIFFUSER	GRADIENT	CESSER
FURTIVE	ILLUSTRER	RÉSONNENT
CONSACRER	SINUEUX	CATÉGORIQUE
ACQUISITIVE	CHEVALERESQUE	RICTUS
RÉITÉRER	TRIBULATION	VÉRITABLE

Puzzle 55

```
S U P E R F L U R E Q U I S
T R U C U L E N T M W U O W
C H A U V I N I S M E F U X
E R I A T I S R E V I N U E
P I M P É R A T I F S E R R
A Î N T É G R E R I O T È
R P A U V R E T É U H I N T
A P R E U V E S Q P F É O S
N H Ç V H W J É A O T È C U
G O Q Ï W F S T R Û M V I A
O V Z A É B É P T R F H F M
N H H N O M S A I L L A N T
I N E S T H É T I Q U E A E
I N S O U C I A N C E R N Q
P É R I P H É R I E U B M I
```

OBSÉQUIEUX   CHAUVINISME   MÉTAPHORE
IMBUE   PAUVRETÉ   AUSTÈRE
TRUCULENT   PREUVES   INESTHÉTIQUE
REQUIS   PARANGON   IMPÉRATIF
NAÏVE   INSOUCIANCE   SUPERFLU
PROFIT   INTÉGRER   PÉRIPHÉRIE
UNIVERSITAIRE   NOCIF   SAILLANT

Puzzle 56

```
R  É  T  N  O  R  F  F  E  P  P  D  L  P
E  V  A  L  C  N  E  L  I  I  R  O  Î  D
U  N  O  I  T  I  B  M  A  C  É  G  S  Ê
T  Z  À  S  À  I  È  E  Y  A  F  M  U  Ù
N  Â  T  T  G  B  R  T  Z  R  I  A  P  P
E  Q  U  I  R  È  Q  E  O  E  G  T  E  B
C  U  L  W  M  O  R  L  X  S  U  I  R  É
C  É  P  É  V  T  Û  P  U  Q  R  Q  P  N
A  B  H  H  N  B  E  M  E  U  E  U  O  I
A  P  F  O  É  R  É  O  U  E  R  E  S  G
É  Û  M  J  T  M  Z  C  T  A  W  Ê  E  N
N  É  I  V  U  L  I  D  É  T  N  A  R  E
R  E  T  I  C  N  I  S  P  É  D  I  T  S
N  H  D  M  R  E  N  I  M  R  E  T  É  D
I  N  V  O  Q  U  E  R  I  E  Û  C  N  D
```

EXPERT	ENCLAVE	AMBITION
EFFRONTÉ	ÉLIGIBLE	ÉDIT
ACCENTUER	IMPÉTUEUX	BÉNIGNE
COMPLET	EUPHÉMISME	SUPERPOSER
ÉPHÉMÈRE	REMONTREZ	ANTÉDILUVIEN
DOGMATIQUE	INVOQUER	PRÉFIGURER
INCITER	PICARESQUE	DÉTERMINER

Puzzle 57

```
P  R  É  D  O  M  I  N  A  N  T  Â  K  G
T  Z  E  X  O  D  A  R  A  P  O  V  H  F
O  U  L  R  F  U  E  X  P  O  R  T  L  W
L  C  A  E  S  E  M  B  L  A  N  T  S  C
A  O  R  S  K  E  S  É  M  I  N  A  L  O
N  N  O  I  S  R  V  O  R  T  E  X  R  N
G  T  T  N  O  I  T  I  D  É  P  X  E  C
O  I  S  M  M  O  É  Y  K  I  À  L  L  E
I  G  A  E  S  T  É  G  N  E  A  M  U  N
S  U  P  D  D  R  S  I  E  N  Î  Â  D  T
S  Ë  H  N  J  E  F  B  É  R  Â  H  N  R
E  S  K  I  R  P  Î  V  È  Q  R  O  I  Q
A  D  A  G  E  É  G  É  N  É  R  A  L  Q
À  E  C  N  E  R  É  F  F  I  D  G  Z  U
M  U  L  T  I  F  O  R  M  E  N  G  É  E
```

INDEMNISER	SEMBLANT	ADAGE
CONCENTRIQUE	ASSIÉGER	GÉNÉRAL
MULTIFORME	ONDULER	EXPORT
CONTIGUËS	L'ANGOISSE	VORTEX
PASTORALE	VÉNAL	FINI
DIFFÉRENCE	PRÉDOMINANT	RÉPERTOIRE
PARADOXE	EXPÉDITION	SÉMINAL

Puzzle 58

```
F O R T U I T E L R É C E E
C W G A R T I F I C E I N N
H G S E É N V A O P T R N G
E R U Y T E I T B R S C C A
V E R P I L A T S É I U O G
R M T Y M A B E E C N L N E
O I S T R V L N R É O A G M
N R B É O Y E D V D G I R E
N P A W N L É U E E A R U N
É P U P É O G V R N T E H T
H O V G L P W Y A T N P A N
A N A R C H I E L S A W É L
E X H O R T E R Ç O I L Ù Â
I N N O V A T I O N P V I W
U L E S S E N T I E L F E É
```

ATTENDU	POLYGLOTTE	PRÉCÉDENT
ÉVASIVE	ANTAGONISTE	CHEVRONNÉ
POLYVALENT	EXHORTER	ABSTRUS
CIRCULAIRE	OBSERVER	INNOVATION
FORTUIT	VIABLE	ÉNORMITÉ
ENGAGEMENT	ARTIFICE	INCONGRU
ANARCHIE	L'ESSENTIEL	OPPRIMER

Puzzle 59

```
P R O S O D I E E D Ç Y E A
A E L È T N E I L C V L G N
Q R E R A P M O C U B U A C
A É T J D É M N À A X Â G I
I N Ê E D A Â V H D Q E N E
N L N I F T Y C X I Y R A N
D I P I Ù A O S E R V I L E
I É Ç Ù V R C M W U L A E S
Q N M G P E X T D H A U I S
U R K É Y U R J À A À Q T I
E B R Î E R T S U L L I N M
R R E I N M O L A C È L E É
I I X I M P A C T I K E T R
T N A N G I O P A À R R O P
A S O L E N N E L L E E P O
```

POTENTIEL   CALOMNIE   SERVILE
PROSODIE   ÉPIDÉMIE   PRÉMISSE
CLIENTÈLE   ANXIEUX   POIGNANT
ILLUSTRE   IRRÉPROCHABLE   LANGAGE
ANCIEN   ANNIVERSAIRE   SOLENNELLE
RELIQUAIRE   COMPARER   ARTEFACT
AHURI   INDIQUER   IMPACT

Puzzle 60

```
S I M U L A C R E F G S C N
T O R R E N T I E L À O O É
M A L L É A B L E T R U R G
P L É N I T U D E R I V I L
P R O P A G E R E L N E E I
N G V Û P L S C R A C R N G
T E S I O E T R I N O A T E
H I B A É I E È A G G I Û N
X T T N F S N G T O N N T T
Û R N U R Q J N I U I E U L
C O G E L K Î Ê L R T L T A
D S V B Z A V Î A E O I E T
P E A A Û D I N G U W G L E
R R A U Q U E R É X W É L N
I N É G A L É E E R Y I E T
```

TITULAIRE
DONNÉES
LANGOUREUX
PROPAGER
REVERSE
ORIENT
LATENT

CORRECTIF
NÉGLIGENT
SIMULACRE
RÈGNE
INCOGNITO
PLÉNITUDE
RAUQUE

SORTIE
TUTELLE
MALLÉABLE
TORRENTIEL
ÉGALITAIRE
SOUVERAINE
INÉGALÉE

Puzzle 61

```
A E I E S F A M I L I E R E
T M F L X T A T S O P A M R
A S B B L R U E N I M O E T
C I S U É U P P E Â R E E S
I G Ë O L P S N É H Î I V I
T O U R R A T T C F E H A N
U L G T T R T O R B I T R I
R O I Q A Ê N O S A R A T S
N É X V H O L Ê I J T P N Ù
E N E S M Î F W S R T I E T
G R É G A I R E Y M E T O J
I N G R É D I E N T F N Y N
E X A M I N E R I L F A É À
R E P R É S A I L L E S S L M
G É O G R A P H I E Z X C D
```

FAMILIER
ILLUSTRATION
APOSTAT
STUPÉFIANT
SINISTRE
EFFET
INGRÉDIENT

MINEUR
TACITURNE
GRÉGAIRE
EXAMINER
TROUBLE
NÉOLOGISME
GÉOGRAPHIE

ANTIPATHIE
AMBULATOIRE
MONOCHROME
REPRÉSAILLES
ENTRAVE
ENTRAVER
EXIGUËS

Puzzle 62

```
S I A C I Â R E R É N O X E
U Â C O H M E N N U I R V V
P U C N R O P L G V A I S F
P E E C E R V L É M T R I E
R R R S U S T Î X I U I T O S
I V S R I I È F C C A S T T
M I O R A E I É H L I N A I
E U I E P C S D U È E T P D
R S R N A N É M Ç M Ç À E U
V R E T O S U Y É Ê G Â H R
Q U I C T C V D A C U I T É
S O D É M O C R A T I Q U E
N P U Y B G T A L I S M A N
F O N C T I O N N A L I T É
C O G N I T I V E G R U P S
```

DÉMOCRATIQUE	PATOIS	TALISMAN
IMPLICITE	CONSÉCUTIVE	CONCURRENT
POURSUIVRE	CUMULATIF	ÉRUDIT
EXONÉRER	APAISER	RAMIFICATION
PURGE	DÉMENTS	ENNUI
SUPPRIMER	ACUITÉ	FONCTIONNALITÉ
ACCESSOIRE	COGNITIVE	ORTIE

Puzzle 63

```
P R I V I L È G E I D C A I
C O N T I N G E N T I É P Î
Ç U T N E C S E L O S B O É
D É F E N D R E D Ù T N A S
I Z À D F Ç C É D V R N H A
L N X U E I C A L L A F Ù C
E I F F V I D W Y L I D V C
I A U É D I V U Y T R É A É
R D Q E R V C S C Ê E C S L
É É R X Û E E I I I Î È S É
T D D H Z R N Â E W A S A R
A B H O R R E C K R É I L E
M M E L B A É M R E P M I R R
P R É P O N D É R A N C E E
F O C U S I N F L E X I O N
```

IMPERMÉABLE
DISTRAIRE
FALLACIEUX
FIDUCIAIRE
DÉCÈS
DÉCIDER
INFLEXION

CONTINGENT
ABHORRE
ANALYSER
DÉFENDRE
DÉDAIN
ACCÉLÉRER
VASSAL

FOCUS
OBSOLESCENT
PRIVILÈGE
PRÉPONDÉRANCE
INFÉRENCE
MATÉRIEL
VICIER

Puzzle 64

```
X À E G U F E R É W T N I Y
F L E I R U N É P F E O E D
V I G I L A N T Y H N I É R
I N T R O V E R T I T S T É
P R C A R S R Ç F W A R R T
E É U S I Û É U E S T O E I
R T L T L L P J S N I T C C
S R T Y O I L E E M V S N E
O I I L B J M A Ù B E I O N
N B V E A B E G P È H D C T
N U E Z L S T R A T É G I E
A T R E C N E I L I S É R É
G I R D I S C E R N E R É N
E O K R É S I S T E R L Q T
Z N V X V E N D E T T A Q Â
```

RÉTICENT
ABOLIR
RÉTRIBUTION
DISTORSION
RÉSILIENCE
PÉNURIE
VIGILÀNT

REFUGE
CONCERTÉE
INTROVERTI
PÉRENNE
PALLIATIF
PERSONNAGE
STRATÉGIE

DÉSASSEMBLER
CULTIVER
RÉSISTER
TENTATIVE
STYLE
DISCERNER
VENDETTA

Puzzle 65

```
I Q D É F I N I R P A È F H
O N O I T A L E R À H N A Y
E C E T Y H P O É N O T N P
M A T Û M C C T C I N E T O
P V I Ù M É E Î T E U H A T
I E A Z D H À A M Q E C I H
È R F U A Z T E I F I U S È
T N R G K S T G F Z G R I S
E E A Ù E R O I V J I D S E
M U P R O L C K A E F U T T
E X R P O A W G À D F A E I
N A M H C P H A S E E B È M
T O T I N F I R M I T É G I
C A T E X E M P L A I R E L
P É F A I B L E S S E R Ç È
```

PATHOLOGIQUE

INFIRMITÉ

PARFAIT

EXEMPLAIRE

FANTAISISTE

LIMITE

PROCÉDURE

COMPORTEMENT

NÉOPHYTE

ARRESTATION

CAVERNEUX

EFFIGIE

BAUDRUCHE

HYPOTHÈSE

FAIBLESSE

PHASE

EFFICACITÉ

DÉFINIR

RELATION

EMPIÈTEMENT

Puzzle 66

```
B P I M P U T E R R R S É G I
O A E X Z E R H E I A C R U
U S U H I R T T L N C L A É
S T Q Û È I N N B É C E T T
C I S R N O I E I L L C I R
U C E E R S A D T U I T F T
L H T F E I S I A C M I R R
E E N F S V O C P T A Q C A
R O A U U O R N M A T U A V
C Y G O E R C I O B E E T A
L H I T L P A T C L R Î I I
N T G É U Ç S Q N E È B O L
E F G V B S E S I C C A N Ù
E C C L É S I A S T I Q U E
J O F È N H Y P O C R I T E
```

ÉTOUFFER
BOUSCULER
PROVISOIRE
INCOMPATIBLE
NÉBULEUSE
INCIDENT
HYPOCRITE

ECCLÉSIASTIQUE
SACRO-SAINT
CONFRONTER
ACCISES
TRAVAIL
GIGANTESQUE
PASTICHE

GRATIFICATION
S'ACCLIMATER
IMPUTER
ÉCLECTIQUE
INÉLUCTABLE

Puzzle 67

```
I  Y  F  R  E  R  Ç  F  B  E  I  A  Û  R
P  M  Ç  O  E  G  A  E  R  L  N  F  P  Z
É  R  P  U  M  Ç  H  I  P  I  S  F  Z  Ù
V  G  G  E  A  E  O  Ù  T  T  E  A  U  P
Û  É  J  D  R  T  N  Z  À  B  A  C  R  P
L  E  E  Ê  A  C  B  T  F  U  N  T  T  R
T  R  I  É  F  F  E  F  E  S  T  I  I  O
R  I  L  V  É  L  M  P  R  R  A  O  C  F
A  A  A  R  B  A  S  H  T  I  N  N  U  U
D  D  M  E  R  S  I  Â  Î  Î  É  O  L  S
U  N  O  S  I  Q  H  T  O  Y  B  Z  E  I
I  E  N  É  L  U  P  E  L  I  H  L  R  O
S  G  A  R  E  E  O  E  C  É  R  Ê  E  N
E  É  T  Ù  R  E  S  I  T  O  N  P  Y  H
Z  L  R  É  C  I  P  R  O  Q  U  E  Y  Z
```

FLASQUE	AFFECTION	CLOÎTRE
INSTANTANÉ	ANOMALIE	FÉBRILE
RÉCIPROQUE	PROFUSION	SOPHISME
HÂTE	HYPNOTISER	ARTICULER
ALÉATOIRE	TRADUISEZ	FOMENTER
LÉGENDAIRE	SUBTILE	LÉGUER
FAÇADE	RÉSERVÉ	IMPERCEPTIBLE

Puzzle 68

```
K  H  Q  J  E  D  U  T  I  T  A  L  P  F
F  I  T  A  C  I  D  N  I  V  Â  G  W  E
B  E  I  L  O  C  N  A  L  É  M  Z  C  L
D  I  C  T  I  O  R  D  A  Q  E  A  Z  S
I  M  F  E  N  F  Y  N  Ê  H  G  À  U  R
S  O  P  U  N  E  C  O  Ù  A  A  C  A  U
C  N  O  U  R  T  E  B  S  M  C  E  R  O
O  O  M  W  R  Q  E  A  X  U  A  R  R  C
R  I  P  C  K  B  U  N  L  F  L  I  I  E
D  S  E  T  È  I  A  E  A  X  P  A  V  R
A  Y  U  A  H  U  N  I  R  I  T  T  I  Y
N  H  X  K  Ù  T  Ç  W  N  W  R  C  S  Â
T  P  A  N  N  U  L  A  I  R  E  E  T  M
R  E  C  O  M  M  A  N  D  E  R  S  E  H
Ù  G  R  A  N  D  I  L  O  Q  U  E  N  T
```

BIFURQUER	POMPEUX	PHYSIONOMIE
RECOMMANDER	URBAIN	ANNULAIRE
DISCORDANT	RECOURS	SECTAIRE
GRANDILOQUENT	SAGACE	SUCCULENT
ABONDANT	PLATITUDE	ADROIT
CENTENAIRE	MÉLANCOLIE	ARRIVISTE
VINDICATIF	PLACAGE	

Puzzle 69

```
V E C I P O R P E E M S Ê G
S X O H À T U D C C D A É B A
Y P N H N B I O I V G D A R
N L C À Y G C V A È N I A G
E O O Î I É E N À X A T I A
R R C R R R T T J À N I L N
G E T P T A M I L C I O A T
I R E I M O R O S E M N D U
E Ê R X U E R U O G I R V E
I J T E M P O R E L T M E S
C A U T É R I S E R É Ê R Q
Î N F A T I G A B L E S U
M É G A L O M A N I E K I E
P R É S O M P T U E U X T L
O C C U L T A T I O N J É É
```

CLIMAT	SÉDITION	INFATIGABLE
MOROSE	EXPLORER	RIGOUREUX
CAUTÉRISER	PROPICE	OCCULTATION
PRÉCOCE	MÉGALOMANIE	TEMPOREL
PRÉSOMPTUEUX	L'ADVERSITÉ	SYNERGIE
RIGIDE	DIVERTIR	CONCOCTER
MAGNANIMITÉ	SAVANT	GARGANTUESQUE

Puzzle 70

```
A H A B I T A T E H G D X E
D Ê À M R E R G I N É D R Z
R L E R U T A N D E X B H E
E Û H X S D V L X L I I R V
S E K L R X I Q A L Q I T E
S R U A U U E Ç A Â A N G C
E I V E V F R C É N E O R R
L A R T U Ê G F N M Q I I E
B T U L O Q E O E C T T N P
A É O E M S I P O R T A C W
P L P V O T R T C K J D H D
L O É S C A C Ç S Ê Ê A E J
A R D N C M À X K U Ê R U Û
P P O S R E S U C C A G X K
P F E F R É Q U E N T C Û È
```

PALPABLE	GRINCHEUX	PERCEVEZ
HABITAT	SVELTE	ACCUSER
DÉNIGRER	DÉPOURVU	CAUSTIQUE
VIERGE	ESCARPEMENT	BAVARDAGE
CALIBRE	GRADATION	ADRESSE
NATUREL	TROPISME	PROLÉTAIRE
FONCTIONNAIRE	FRÉQUENT	

Puzzle 71

I	N	D	I	V	I	D	U	E	L	S	T	I	Û
É	C	O	N	O	M	I	Q	U	E	T	N	R	T
D	I	S	C	U	S	S	I	O	N	S	E	R	H
Œ	C	U	M	É	N	I	Q	U	E	Î	N	É	E
O	B	V	A	P	O	R	E	U	S	E	I	A	R
C	B	D	I	A	P	H	A	N	E	Z	T	L	M
D	O	J	R	E	S	T	A	U	R	E	R	I	I
É	A	L	E	S	S	E	G	A	S	N	E	S	Q
B	Ù	U	L	C	Y	L	F	L	U	I	P	A	U
O	T	D	T	A	T	À	P	Y	P	G	M	B	E
U	A	J	Y	O	B	I	Ç	U	P	A	I	L	È
R	C	Ê	N	Ê	N	O	F	E	O	M	P	E	Q
S	I	E	X	I	L	O	R	P	R	I	A	N	
E	T	Ê	U	Q	N	E	M	E	T	È	Û	V	Z
R	E	U	G	É	L	E	R	E	R	R	Z	P	À

IRRÉALISABLE
ÉCONOMIQUE
SUPPORT
COLLABORER
INDIVIDUEL
DÉBOURSER
ŒCUMÉNIQUE

RESTAURER
PROLIXE
AUTONOME
IMPERTINENT
OBJECTIF
RELÉGUER
DIAPHANE

IMAGINEZ
THERMIQUE
ENQUÊTE
SAGESSE
DISCUSSION
VAPOREUSE
TACITE

Puzzle 72

```
S A N G U I N E D A Ù P H I
Y Î M F N R D U I À E O A K
Ê H C O É I U R L O F N R À
S T Ê R G L P E A H F C M S
M O C M A B L S T I O T O I
O A D A T I I O O É N U N M
S F N T I A C P I R D E I P
F P F U F F I S R A R L E L
O T A E F F T N E R E T U I
U N K C N A É A E C M N X F
R E Ï I I S C R K H E E F I
N N O H O E E T É I N L C E
I I R D Â O U R U E T U I R
R M T E M S Y X O R A P Q Â
D É B I L I T É R À E O W Y
```

EFFONDREMENT   HIÉRARCHIE   TRANSPOSER
ÉMINENT   DILATOIRE   NÉGATIF
OPULENT   SANGUINE   DUPLICITÉ
OFFENSER   S'AFFAIBLIR   FOURNIR
FORMAT   SPACIEUX   MANUFACTURE
HARMONIEUX   DÉBILITÉ   TROÏKA
PONCTUEL   PAROXYSME   SIMPLIFIER

Puzzle 73

À J P A N E I R U C I P É E
Y U R C S P N E C S N È D N
É R O C É U D R O O D Q L C
É I C O Q S U É N U I À É E
T D É M U E L P T T F W U R
N I D P E M G S R E F S E C
E Q E L N R E A A N É E L L
I U R I C O N X S I R L B É
C E Z R E F T E T R E U A E
S R E I F I T C E R N C T O
I N Q U I É T U D E T S I D
N E U Q I T A R P M Ï U V I
M E H P R O M A Z O U N É E
O L E M L R O Ù G N H I N U
Q Î Ê Â Ç P M É O A G M I X

AMORPHE
ODIEUX
PROCÉDER
ACCOMPLIR
ÉPICURIEN
PROTÉIFORME
INQUIÉTUDE

JURIDIQUE
ENCERCLÉ
INÉVITABLE
EXASPÉRER
SÉQUENCE
OMNISCIENT
INDULGENT

INDIFFÉRENT
CONTRASTE
ÉGOÏSTE
RECTIFIER
PRATIQUE
MINUSCULE
SOUTENIR

Puzzle 74

```
T B É N É F I C E L I T U F
U C O N T R A I N T E Y O Ù
M F C O M M O D I T É S V T
U I S E R È T I R C A É C N
L D Y M L A R U T T U G U A
T É N X U E I C N E T N E S
U L T W C U K T E Ç O Q P S
E I H M È Q S Î N À C Î R I
U T È É Ù O Q M I C H R É T
X É S P U L Î P M Û T E S É
T H E É T I D O M M O C E P
E L I T A L O V I A N A R P
N É T I R O N I M Z E F V À
Z K T R E S O P P U S F E À
A C R I M O N I E U X E R H
```

COMMODITÉ
APPÉTISSANT
MINORITÉ
CONTRAINTE
FUTILE
EFFACER
TUMULTUEUX

GUTTURAL
SENTENCIEUX
IMMINENT
VOLATILE
SYNTHÈSE
SOLILOQUE
FIDÉLITÉ

AUTOCHTONES
ACRIMONIEUX
BÉNÉFICE
COMMODITÉS
CRITÈRES
PRÉSERVER
SUPPOSER

Puzzle 75

J E É É E T U M S N A R T I G
L R E D A R G O R T É R M I
E T N I A R C U J Ê X E N W
P T Û E B I R T A I D L P E
T E E R G I D E P È A B T U
H M R C J H D R Ç S S I I Q
É S T S W H Û R S E R S K I
O N I S O Ç T A T L U S É R
R A B U É N B I Y O O A N É
I R R S Ê L N N O P C P O L
E T A R E K Z A V O N M T O
C O A G U L E R L G O I O C
L A C O N I Q U E I C S I R
I N D O L E N T C L S J R D
O B S O L È T E J O Â É E W

PEDIGREE	TRANSMUTE	INLASSABLE
LACONIQUE	CRAINTE	RÉSULTAT
CONCOURS	COLÉRIQUE	OLIGOPOLE
IMPASSIBLE	INDOLENT	TRANSMETTRE
DIATRIBE	COAGULER	PERSONNALISÉ
OBSOLÈTE	THÉORIE	SOUTERRAIN
RÉTROGRADE	NOTOIRE	ARBITRE

Puzzle 76

```
V C O Ù Î F G E M E M E O O E R T
Z I P P Î K U C I C C C É R
E C S Ç P G R G R N A N P A
T Ç C F C N O O Ê A E M A O V
I Û À A É L R S Ç G B N N E
S A R L O R S T P R I G D S
É A M T N I A G U U E U R T
H É U S A Â È L Ê N N P E I
Û A S N I A T R E C T É G S
T A N L O U R A G A N R Z S
K O L A S S I T U D E Î È E
C M A L V E I L L A N C E M
P R O V I D E N T I E L S E
I N D I S C R E T X Z T B N
D I V E R G E N T B V L P T
```

LASSITUDE   AMBIENT   VISCÉRALE
L'OURAGAN   OPPORTUN   TRAVESTISSEMENT
HÉSITEZ   INDISCRET   CERTAINS
CONNAISSANCE   MALVEILLANCE   URGENCE
RÉPUGNANCE   TAUTOLOGIE   PROVIDENTIEL
RÉPONDRE   HARANGUE   DIVERGENT

Puzzle 77

```
H  V  Ê  Ç  H  T  Î  W  E  E  B  Q  I  V
W  É  O  O  C  D  É  Û  N  R  A  U  N  V
Ê  K  D  L  R  M  S  J  V  I  D  A  I  T
R  C  C  O  U  P  I  Î  A  A  I  R  M  P
D  N  L  Z  N  M  L  L  H  L  N  A  I  A
E  I  R  Ê  T  I  V  I  U  A  N  T  R  A
I  A  S  A  Â  Ê  S  N  R  C  G  T  A  A
R  R  T  S  É  B  S  M  E  S  E  A  B  D
O  E  A  A  O  F  O  S  E  U  Q  I  L  I
H  Z  W  S  V  L  F  G  O  P  X  N  E  G
P  U  Ù  J  C  I  U  K  P  É  S  E  O  M
U  S  U  P  F  I  S  T  Ç  R  D  Ù  À  E
E  Q  G  F  Ù  Î  B  M  I  C  C  Û  U  U
L  E  U  T  R  I  V  L  E  O  G  Û  Î  U
C  O  R  P  O  R  E  L  E  V  N  A  D  T
```

PARADIGME	HÉDONISME	ENVAHIR
CORPOREL	L'EUPHORIE	DISSOLUTION
IRASCIBLE	CRÉPUSCULAIRE	ATAVISME
FOSSILISÉ	QUARANTAINE	SUZERAIN
INIMITABLE	BADINAGE	
VIRTUEL	VOLUMINEUX	

Puzzle 78

```
M O N U M E N T A L T S D P
N R É L D N Y D R C R É É E
E I N A R Y T E D É L S L
E W O O U E Q P C Ç C E E L
U I N I F C S U N M O C S U
Q P C T N N Q N A C M T P C
I G E A O A U I N R P I É I
T É R C I N A L E A E O R D
P T R R T E L A T R N N É E
E I Q A C V I T N E S N E L
C N T M N O T É O M E E G I
S I N É A R É R C E N Z D R
E F R D S P É A É N C Î G É
Â F M Â Ê È A L D T R Q Û U
B A C O N S T R U I R E J P
```

RÉCOMPENSE	SANCTION	CIRCONSPECT
AFFINITÉ	UNILATÉRAL	CONSTRUIRE
SÉLECTIONNEZ	ÉNONCER	PROVENANCE
PELLUCIDE	SCEPTIQUE	RAREMENT
QUALITÉ	TYRANNIE	MONUMENTAL
DÉSESPÉRÉE	DÉCONTENANCER	
DÉMARCATION	PUÉRILE	

Puzzle 79

```
R É C R I M I N A T I O N T
C O M P L É M E N T F U N I
K L T X X P E N R E T N I D
É T I R U C É S L R T V Ê D
I A Ù S E É L B A I D N E É
R É C A L C I T R A N T S T
D O É F L Â N H É L Â N L R
É C L S I E Ê Y D U N E P I
F C O U C T A J I S N I O T
I U C F R Y A S S N X L R U
N P U F U L R R O I Z L T S
I E T R O O J I C È E O E D
T R I A S C T W Y U E M N E
I Î Ô O G A A S Y H X L É T È
F Î N E R D I R E C T I V E
```

COMPLÉMENT	DIRECTIVE	SOURCILLEUX
INSULAIRE	SÉCURITÉ	OCCUPER
PORTENT	ÉLOCUTION	ENDIABLÉE
DÉFINITIF	RATIONNEL	INTERNE
LUCRATIF	ÉMOLLIENT	SIDÉRAL
SUFFRAGE	RÉCALCITRANTS	RÉCRIMINATION
ACOLYTE	DÉTRITUS	

Puzzle 80

```
N  O  I  S  I  V  I  D  Â  X  E  P  C  J
T  N  E  D  A  C  É  D  E  U  G  U  E  V
V  J  Q  H  E  B  È  F  Q  E  A  S  C  J
E  L  U  M  R  O  F  I  I  L  M  I  O  Û
F  K  X  I  D  D  T  S  I  U  M  L  M  D
Ê  Ç  D  É  N  S  N  N  M  P  O  L  P  P
R  É  H  I  I  H  E  E  P  U  H  A  L  H
E  Û  X  R  E  O  L  F  L  R  O  N  A  A
L  Z  U  T  R  M  A  F  A  C  L  I  I  L
I  E  E  A  F  O  V  O  C  S  F  M  S  A
H  K  I  P  N  G  I  N  A  W  A  E  A  N
I  Q  C  X  E  È  B  I  B  S  C  È  N  G
N  È  I  E  É  N  M  K  L  J  T  F  C  E
N  W  V  Q  R  E  A  P  E  D  I  À  È  P
A  N  T  É  C  É  D  E  N  T  F  M  C  S
```

FORMULE
DIVISION
EXPATRIÉ
SCRUPULEUX
PHALANGE
DÉBRIDÉE
ANNIHILER

HEURISTIQUE
IMPLACABLE
ENFREINDRE
OLFACTIF
HOMOGÈNE
COMPLAISANCE
AMBIVALENT

HOMMAGE
PUSILLANIME
INOFFENSIF
DÉCADENT
VICIEUX
ANTÉCÉDENT

Puzzle 81

```
S T C O R R É L E R E R E B E P
P K A E E D I P I S N I C O
F O P N X È N B U R P A N R
É I N M G R Ç E Û O N B E T
T N Q C K E T C R Â Ê C A
I C Â C T U N H R E X R S B
R L É È O U T T K Ê G R E L
É I D D D N E Ê I I N A I E
P N É D A Y D R J E F N U N
S É E L B A I R A V L T Q G
O X I K D É R I S O I R E I
R H I N T E R S T I T I E L
P A M É L I O R E R S A X A
I N D O M P T A B L E B W M
S U R N U M É R A I R E É Û
```

DÉRISOIRE   CORRÉLER   PONCTUER
PORTABLE   MALIGNE   TANGENTIEL
INSIPIDE   INDOMPTABLE   ABERRANT
INCLINÉ   VARIABLE   SURNUMÉRAIRE
AMÉLIORER   QUIESCENCE   PROSPÉRITÉ
INTERSTITIEL   DOUTEUSE   PHILANTHROPIE

Puzzle 82

```
P C D P É C M I P T F E A V
N I É L Â A A N O É R N D À
U N C É R L X D S T A G U P
J É L B E L I É S N C A L A
Q T A I R I M T É O A G T T
R I R S I G I E D I S E É R
E Q A C A R S R E T S A R I
R U T I T A E M R C A N E M
É E I T C P R I Ù I N T R O
F S O E A H C N À D T N E I
N V N Y R I Ê É Z R J A C N
O J Y C F E P E S E C I R E
C O M P É T E N T N T T Y D E Y
A L T É R A T I O N K A X P
R É A L I S E R É I V R E X
```

POSSÉDER
CALLIGRAPHIE
EXERCER
RÉFRACTAIRE
DÉCLARATION
RADIANT
PLÉBISCITE

ALTÉRATION
MAXIMISER
COMPÉTENT
ENGAGEANT
RÉALISER
FRACASSANT
INTERDICTION

CONFÉRER
ADULTÉRER
INDÉTERMINÉE
PATRIMOINE
CINÉTIQUE

Puzzle 83

```
R D T E N D A N C I E U S E
D E I I N T E R P O S E R Ê
É D D S E X P O S I T I O N
M S É O S R E V R E S N O C
O O A S N O X U E U T R O T
G M P I E D N Z Y É F L L T
R A P N I M A A B C L F A R
A T R C R J P N N A E R C A
P I O U E K Û A T C É L I V
H Q C L V L Y É R M E L D A
I U H Q Ê Û R Ç O É M M A G
Q E E U R A K L M I S W R E
U P Q E L E G A T O B A S S
E C V R F G I N D I G E N T
I Z K A A A U T O R I S E R
```

TENDANCIEUSE   INTERPOSER   SABOTAGE
EXPOSITION   INDIGENT   AUTORISER
RÊVERIE   DÉMOGRAPHIQUE   DISSONANCE
REDONDANT   TORTUEUX   APPROCHE
COLLATÉRAL   AGGLOMÉRAT   RADICAL
RAVAGES   CONSERVER   INCULQUER
DÉSEMPARÉS   SOMATIQUE

Puzzle 84

```
E U Q I T A R C O T U A N O
R D É C R É P I T U D E E P
I É T A C I F I T N O P R P
A M M R E G I T S U F É T R
I O R U C Û T V M O C T S O
N P É E N I A Î J O Ê I E P
U O F L A É L G N O E D R H
C S O I D E R C Ê J V I R É
É T R T N E E A M T L M E T
P U M U E P P Û T W L U T I
Z L E N T V U L S I X H Ç Q
R E L I M I S S A E O Z U U
S R O É R U P T I O N N Ê E
I N T R A N S I G E A N T E
I M M É D I A T E M E N T C
```

SUPERLATIF	ÉRUPTION	PROPHÉTIQUE
PÉCUNIAIRE	DÉCRÉPITUDE	ASSIMILER
INTRANSIGEANTE	IMMÉDIATEMENT	POSTULER
TENDANCE	FUSTIGER	RÉMUNÉRATION
PONTIFICAT	AUTOCRATIQUE	INUTILE
TERRESTRE	HUMIDITÉ	
PRÉCONCEPTION	RÉFORME	

Puzzle 85

```
G É N É R O S I T É T Ç Ê E
A G N O S T I Q U E I Z L C
C O N V E R G E N T R U U Ù
C A T A L Y S E U R C E É M
S É D V I E U J D I S L T É
Â U Î M P R A Î D I N B I M
N Î P Z B D P I R M O A D L
N À B P C N R M B M C S N A
G N Ê E L A T I N É G N O C
Û T N E R É F F I D G O C I
R E D N A M M O C H H P É P
S T A T U E R E L F À S F O
C O L O S S A L N K Î E U R
E N T R O P I E Y T J R Ê T
A U T H E N T I Q U E Ù Z O
```

STATUER
DIFFÉRENT
COLOSSAL
RESPONSABLE
COMMANDER
CONSCRIT

TROPICAL
SUPPLÉMENT
AUTHENTIQUE
ENTROPIE
CONVERGENT
AGNOSTIQUE

RIDICULE
FÉCONDITÉ
CATALYSEUR
MÉANDRE
GÉNÉROSITÉ
CONGÉNITALE

Puzzle 86

```
M E L I C I M O D Ç À E D V
I E I R O G É T A C S L É É
S É R É N É G É D I F B S H
A Î K À V I N X A D Û A A I
N I S N E P D L P G K C P C
T E R C N I A V N O C O P U
H Î E Â T M S D N E G V R L
R E U B I R T S I D Z É O E
O H S N O I T I L O V R U I
P G S T N E C A J D A R V N
E L B A N I M R E T N I E A
R B T N E C S E D I R I N N
T À R E L U M R O F Û Ê T I
G O U V E R N E M E N T I M
A P P R É H E N S I O N E É
```

DOMICILE	CONVENTIONNEL	DÉSAPPROUVENT
CATÉGORIE	DÉGÉNÉRÉ	IRIDESCENT
APPRÉHENSION	CONVAINCRE	VOLITION
VÉHICULE	ADJACENT	MALAISE
GOUVERNEMENT	INANIMÉ	IRRÉVOCABLE
MISANTHROPE	FORMULER	
DISTRIBUER	INTERMINABLE	

Puzzle 87

```
M A E N G È R R E T N I E P
D E V T N A I R U X U L L C
T É K U R S I S G Ê B F B A
N E S Î N A A L Ù A Î Û I P
A L À H N C Ù L T É Ê T T R
P B R I Y M U I U B W U S I
P A M Z L D B L X B H Ù E C
I U R T L U R È A K R J M I
L O R E D I L A V I J E O E
F L Ù N P Î Z B T A R H C U
N O I T A T U M R E P E Â X
À I W E M È G A T A R T S É
H U M A N I T A I R E É N M
C O N C E R N E N T C C R È
A L T E R N A T I V E B T J
```

VALIDER	INTERRÈGNE	FLIPPANT
LOUABLE	AVUNCULAIRE	LUMINAIRE
CAPRICIEUX	ALTERNATIVE	LUXURIANT
CONCERNENT	HUMANITAIRE	STRATAGÈME
SALUBRE	COMESTIBLE	INDUBITABLE
DÉSHYDRATER	PERMUTATION	

Puzzle 88

```
I D M P R O G R E S S I F L
N É A F É L I C I T E R A Ê
E P L B A G A T E L L E Y F
S R V B R I L L A N T X G I
T É E U Q I H T A P A U Q U
I D I P E R N I C I E U X
M A L Â H F I G U R A T I F
A T L A Â P W Â É J J I T T
B I A L S È O H P K Ç N N R
L O N D Û U A R M Ù Û A E O
E N T Û J Ê E N T Â D V M N
K R E P R I T X E A D U G Q
X C O N T O U R N E R È A U
I N H O S P I T A L I E R E R
I Ç I N T R É P I D E C F R
```

EXTIRPER
PROGRESSIF
INESTIMABLE
APATHIQUE
FÉLICITER
BAGATELLE

VANITEUX
MALVEILLANTE
TRONQUER
PERNICIEUX
DÉPRÉDATION
INTRÉPIDE

INHOSPITALIER
ATROPHIE
BRILLANT
CONTOURNER
FIGURATIF
FRAGMENT

Puzzle 89

```
M S E F F O N D R E N T F P
I A E R É C A P I T U L E R
N C L À T R U E T A D É R P
J H I E R E S R U O B M E R
O I T R N G S I C É T S C I
N M S D È C F A Ç R O B N M
C É O N V K O T A U Ç F E É
T R H O I É N N M P L Z D P
I I C F Y A S E T A Û F U O
O Q V N S L T M M R H Î P U
N U Â O U T Â M W S E A M S
I E P C R S A O Â Ê R U I E
F P I E F B N C Û Ê P R X R
O D O I L C A N O N I S E R
E Ç V E D A C T U A L I T É
```

RÉCAPITULER	SOUMETTRE	CONFONDRE
OPPOSANT	TRANSLUCIDE	ÉPOUSER
INFLAMMABLE	COMMENTAIRE	REMBOURSER
INJONCTION	CHIMÉRIQUE	CANONISER
D'ACTUALITÉ	S'EFFONDRENT	MALENCONTREUX
HOSTILE	IMPUDENCE	PRÉDATEUR

Puzzle 90

```
A E P E R I D R E T N I D F
I R R E M R O F N I M E I O
N V R É R D Î E E B À R L U
D I N O C S L V R U N C E R
U V V V G O O O I À È O T M
C R Ê S N A G N A M S I T I
T U Z M Û L N O N S É D A L
I S O G I Î Ç T I I À É N L
F S J O L A Â F L Ç F M T A
V I C I S S I T U D E I E N
È A L C Â E K C C A À G E T
I N S U R M O N T A B L E Z
P R É D É C E S S E U R U H
S U S C E P T I B L E K Ê Z
P L F A V O R A B L E Ù R I
```

SURVIVRE   FOURMILLANT   FAVORABLE
MÉDIOCRE   INFORMER   INTERDIRE
SUSCEPTIBLE   VICISSITUDE   PERSONNIFIEZ
INSURMONTABLE   SOMNOLENT   CULINAIRE
IMBROGLIO   ARROGANT   PRÉDÉCESSEUR
INDUCTIF   DILETTANTE   OSSIFIER

Puzzle 91

```
P R É V A R I C A T I O N Y
K Ê Ç Ç L D A P P O R T E Z
Y É S S E R É T N I S É D À
H E J D É T I M I X O R P H
S A C C A G E R Ê V L H X E
S A C R I L È G E L V E U C
I N C O R P O R E R E Q E O
I M P É R I E U S E I R I N
I T I N É R A N T T É Q T C
N E D U T I T C A X E Û É E
B E R I A L P M E X E Ê C P
L Î N E I N O C A R D E A T
R F N O I T U N I M I D F I
D Y M P U P R O F A N E R O
G K Y A L O N G É V I T É N
```

EXACTITUDE
DIMINUTION
IMPÉRIEUSE
ITINÉRANT
DRACONIEN
CONCEPTION
INCORPORÉR

FACÉTIEUX
PROFANER
SACCAGER
SACRILÈGE
APPORTEZ
PROXIMITÉ
LONGÉVITÉ

DÉSINTÉRESSÉ
AUTOMATIQUE
DÉMÊLER
PRÉVARICATION
EXEMPLAIRE

Puzzle 92

```
D É S A B U S E R E T E R A
É L U C I D E R R A C P É L
P I Q U A N T I R N R I S L
E M Y N O N A É A O Â N I I
O V Ê W È I M R C I X C D T
D È É P L O É R Y T Q O E É
A W Z I L B A Î Ê A N N N R
T P X G U S É Z N N O C T A
D U N T T Z G Î L G I E N T
A O O I Û L W S Ç I T V A I
C R N L Î À T R R S I A S O
P É V I T A R O C É D B O N
R M O D I F I E R D N L P G
D I S P E R S I O N O E X F
Q U I N T E S S E N C E E G
```

PROCRASTINER	ANONYME	ALLITÉRATION
AUXILIAIRE	RÉSIDENT	DÉCORATIVE
DÉSABUSER	PROTUBÉRANCE	MODIFIER
PIQUANT	INCONCEVABLE	QUINTESSENCE
DÉSIGNATION	CONDITION	DISPERSION
CONGLOMÉRAT	ÉLUCIDER	EXPOSANT

Puzzle 93

```
I C C P R O D U I T E J A X
N O O Û E L Ê C M X D J U Û
S N N Ç V E I X E L P O P A
I C C E I G O L O N H C E T
D L A E I H P A R G O P O T
I U T H E M C O R D I A L E
E S É N O I T A L S I G É L
U I N C A R B I T R A I R E
X O E I R R É F U T A B L E
I N R E N I R T C O D N E A
C O N N A I S S E U R B N W
A S S E M B L É E À D U Z K
I N C O N S O L A B L E B C
F O R T I F I C A T I O N H
C O N T R A I N D R E A J S
```

ENDOCTRINER CORDIALE ARBITRAIRE
INCONSOLABLE CONCLUSION LÉGISLATION
COMPLEXE IRRÉFUTABLE INSIDIEUX
CONTRAINDRE CONCATÉNER FORTIFICATION
TECHNOLOGIE TOPOGRAPHIE APOPLEXIE
CONNAISSEUR ASSEMBLÉE PRODUIT

Puzzle 94

```
C O N V E R S A T I O N À B
È E X U B É R A N C E É Q L
F É Z C S P R É A M B U L E
L I N G É N I O S I T É W X
R E I F I T N E D I B D H S
E T N A T I M O C N O C O Q
S É P I S T O L A I R E Â A
T N E M E L B I S N E T S O
I E N V I R O N N E M E N T
T A C C R O I S S E M E N T
U C I R C O N S C R I R E O
T D I S C U L P E R L Â G K
I K Q M E I N G É N I E U X
O K Ê Z D É C O U V R E Z H
N C O N S C I E N C I E U X
```

PRÉAMBULE
CIRCONSCRIRE
INGÉNIEUX
ACCROISSEMENT
ENVIRONNEMENT
CONVERSATION

ÉPISTOLAIRE
DISCULPER
CONCOMITANTE
EXUBÉRANCE
DÉCOUVREZ
RESTITUTION

CONSCIENCIEUX
IDENTIFIER
L'INGÉNIOSITÉ
OSTENSIBLEMENT

Puzzle 95

```
E U Q I R T N E C X E N E I
E L B A S I R P É M O L U M
Û V E C J D G T O I B A Q P
P U C N U Ô N T T A E E I R
F J D O K E I A T I N I T U
R É S O U V N I Z Û Y R É D
F É X Q A M A Ê Û K G E H E
R E O T A R E W B G O T T N
K L I D T Ê G Û K Ê R O O T
É O N N L U H M V Z D G P M
N O I T C E R R U S N I Y È
C E X C L U S I O N A B H Î
F A N T A S M A G O R I E Ù
A B S T I N E N C E N H L Z
R E C O N N A I S S A N C E
```

RECONNAISSANCE	INSURRECTION	CONDAMNATION
RÉSOUDRE	ABSTINENCE	INTRAITABLE
ÉLOQUENT	EXCLUSION	HYPOTHÉTIQUE
MÉPRISABLE	MOTIVATION	BIGOTERIE
FANTASMAGORIE	ANDROGYNE	
EXCENTRIQUE	IMPRUDENT	

Puzzle 96

```
I  H  V  E  V  E  V  I  S  I  C  N  I  F  C  I
N  É  O  L  E  Q  Y  Â  P  U  È  E  È  C  N
D  R  C  B  R  D  V  J  E  S  L  P  À  C
É  É  I  A  I  X  É  R  R  O  B  Ê  É  O
P  T  F  S  A  E  É  U  T  P  A  X  F  N
E  I  É  N  L  U  T  E  Î  O  B  U  U  T
N  Q  R  E  U  Q  I  T  A  R  R  E  L  E
D  U  A  P  B  Ï  P  O  N  I  U  I  M  S
A  E  N  S  A  A  I  M  N  F  T  D  I  T
N  W  T  I  C  H  C  O  O  I  R  I  N  A
T  S  E  D  O  C  É  R  C  Q  E  T  A  B
Y  K  T  N  V  R  R  P  E  U  P  S  T  L
X  Ê  N  I  N  A  P  B  R  E  M  A  E  L
C  O  L  L  E  C  T  I  O  N  I  F  X  N
Î  E  X  O  R  B  I  T  A  N  T  Y  K  Y
```

ERRATIQUE
PROMOTEUR
RECONNAÎTRE
INDÉPENDANT
INDISPENSABLE
IMPERTURBABLE

SOPORIFIQUE
INCISIVE
ARCHAÏQUE
HÉRÉTIQUE
COLLECTION
VOCABULAIRE

VOCIFÉRANTE
EXORBITANT
PRÉCIPITÉ
FULMINATE
INCONTESTABLE
FASTIDIEUX

Puzzle 97

```
A  L  P  É  R  I  S  S  E  N  T  E  R  C
F  É  T  I  R  A  P  S  I  D  U  E  Y  O
F  Q  U  C  È  Q  À  È  À  Q  U  U  B  M
I  U  T  S  B  Û  F  R  I  T  F  Q  C  M
L  A  I  B  Z  N  B  D  I  I  Î  N  U
I  N  T  Z  X  V  A  T  S  Î  Ê  T  O  N
A  I  S  H  Q  R  S  S  N  S  U  É  I  A
T  M  B  X  O  N  E  G  D  R  Q  H  T  U
I  I  U  P  O  R  P  Ç  M  A  I  T  A  T
O  T  S  C  G  È  F  K  O  Ê  T  S  V  É
N  É  E  A  R  È  Ç  J  E  M  É  E  A  H
É  R  D  I  S  C  R  I  M  I  N  E  R  X
A  M  B  I  D  E  X  T  R  E  É  M  P  X
C  O  M  P  E  N  D  I  U  M  R  I  É  G
C  O  L  L  I  S  I  O  N  Ç  F  B  D  Û
```

SPORADIQUE
SUBSTITUT
RECONSTITUER
COLLISION
PÉRISSENT
DISPARITÉ

DÉPRAVATION
COMMUNAUTÉ
FRÉNÉTIQUE
AMBIDEXTRE
COMPENDIUM
L'ÉQUANIMITÉ

AFFILIATION
AGRESSIF
ESTHÉTIQUE
DISCRIMINER

Puzzle 98

```
C I F L E G M A T I Q U E È
W I N O I T A M R I F F A T N
U N G T R E C T I T U D E N
A F A A E R I A S R E V D A
V I E N G R Ê Ù H Z Ê É Z T
E N L U T G L Q A U C K T R
N I B F E I R O Ç K N Ê H O
T T A U J I T A C Z N Ê Y P
U É R É I V Z H V U S P E M
R S O H T W B C È A T L U I
E I L À I Y Q À É S T E E W
U M P É O A T Y È P E I U Z
X A É V A L U A T I O N O R
Â L D I S T I N C T I V E N
P R É L I M I N A I R E E À
```

IMPORTANT
INTERLOCUTEUR
ÉVALUATION
PRÉLIMINAIRE
FLEGMATIQUE

DISTINCTIVE
DÉPLORABLE
ANTITHÈSE
AGGRAVATION
ADVERSAIRE

INFINITÉSIMAL
AVENTUREUX
AFFIRMATION
RECTITUDE

Puzzle 99

```
É  Ù  T  Û  É  P  I  G  R  A  M  M  E  I
E  C  N  E  R  É  H  O  C  N  I  J  Ç  N
V  N  A  É  I  F  I  T  C  N  A  S  Â  J
P  O  L  Y  P  H  O  N  I  Q  U  E  X  U
A  Ù  A  O  G  Ù  À  A  K  R  W  R  D  S
B  D  H  V  B  P  Û  S  E  P  G  U  É  T
A  M  C  C  O  D  Ç  I  N  À  M  T  C  I
N  Q  N  K  Q  O  R  F  M  E  Â  C  O  F
D  F  O  L  U  P  G  F  I  È  È  U  N  I
O  Û  N  J  O  F  N  U  Ù  Q  S  R  C  É
N  Ù  T  R  Ê  H  S  S  H  É  H  T  E  E
N  I  P  H  D  S  M  X  W  J  H  S  R  Y
É  X  S  O  L  I  P  S  I  S  M  E  T  J
E  U  Q  È  S  N  I  R  T  N  I  D  E  H
I  N  A  L  I  É  N  A  B  L  E  Q  R  U
```

POLYPHONIQUE	EXPROPRIER	NONCHALANT
INTRINSÈQUE	INALIÉNABLE	ABANDONNÉ
SUFFISANT	SANCTIFIÉ	INJUSTIFIÉE
ÉPIGRAMME	SOLIPSISME	STRUCTURE
DÉCONCERTER	INCOHÉRENCE	

Puzzle 100

```
S T A T U T A I R E L P O S
P O L I G A R C H I E M R D
R É I N T É G R E R U F Â F
N O N C O N F O R M I S T E
M A C R O C O S M E D A T S
A P P A R A T C H I K N N È
D É T E S T A B L E E E H
D Y N A M I Q U E S Z Y D T
E L B A R T É N É P M I I N
E L B A L N A R B É N I C E
X E T I L O P O M S O C N R
K I R E S I C A R T S O Ï A
Z È W B N G À A V C A W O P
E L B M E S N E S U O S C Â
M T O D É S I L L U S I O N
```

IMPÉNÉTRABLE
MACROCOSME
PARENTHÈSE
OSTRACISER
OMNIPRÉSENT
APPARATCHIK

COSMOPOLITE
DYNAMIQUE
STATUTAIRE
DÉSILLUSION
INÉBRANLABLE
RÉINTÉGRER

NON-CONFORMISTE
DÉTESTABLE
SOUS-ENSEMBLE
COÏNCIDENT
OLIGARCHIE

Solution for Puzzle 1

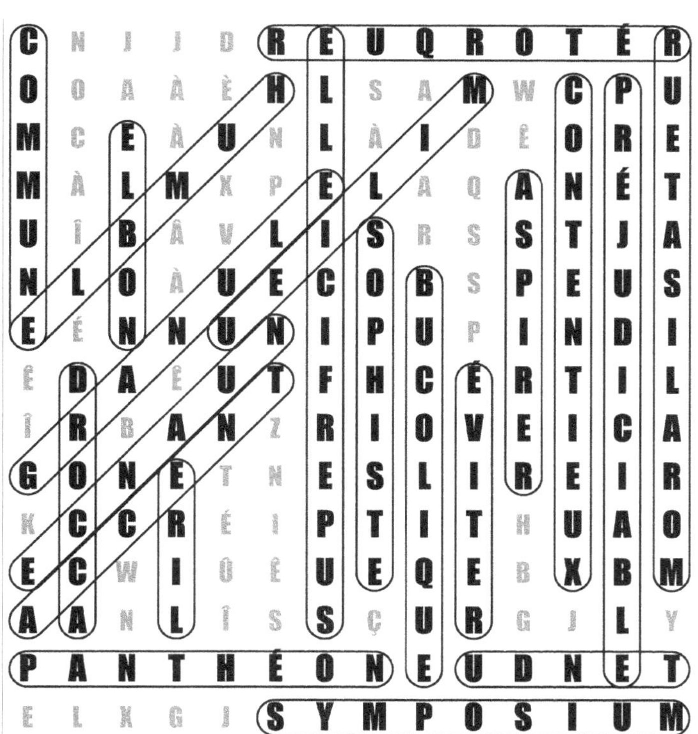

Solution for Puzzle 2

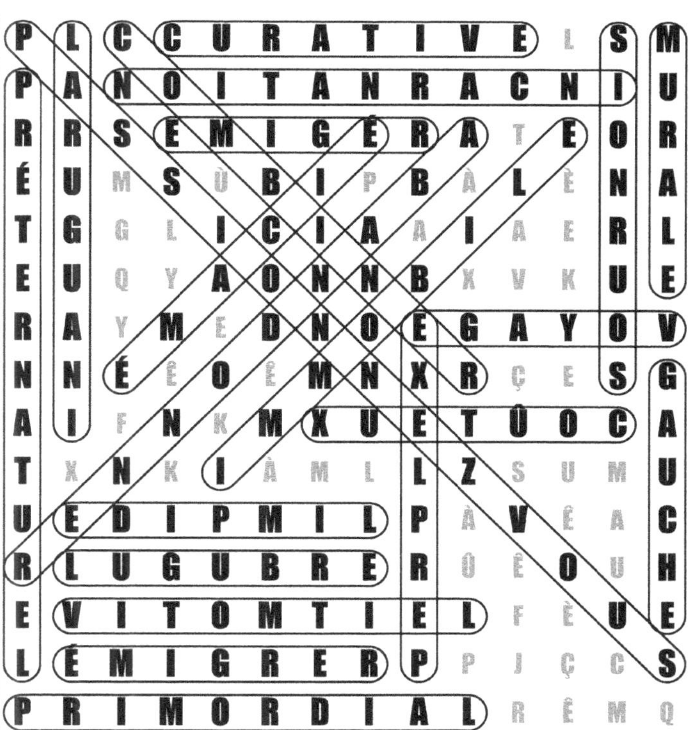

Solution for Puzzle 3

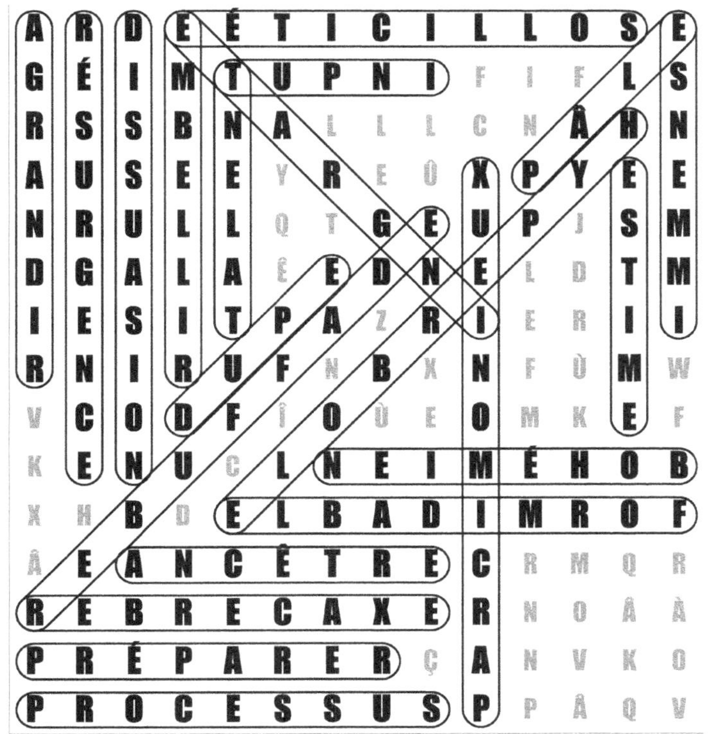

Solution for Puzzle 4

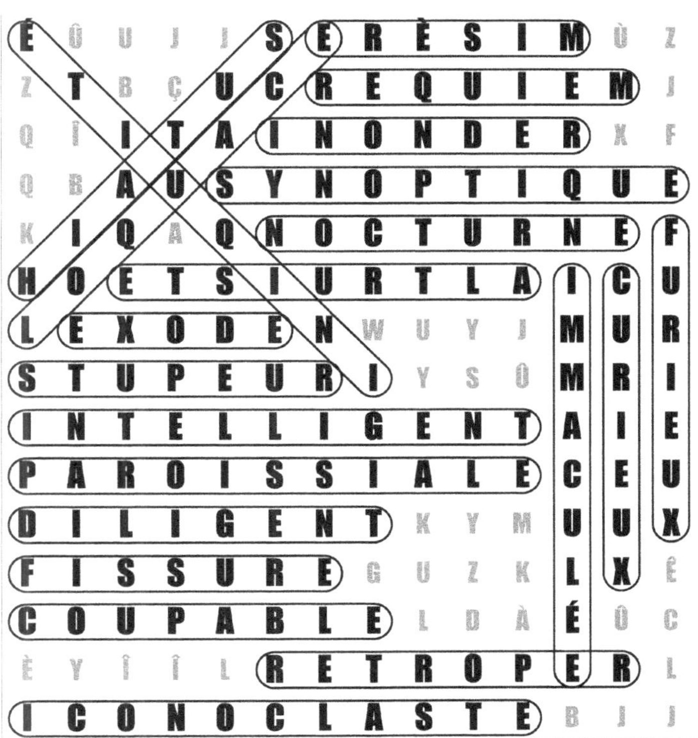

Solution for Puzzle 5

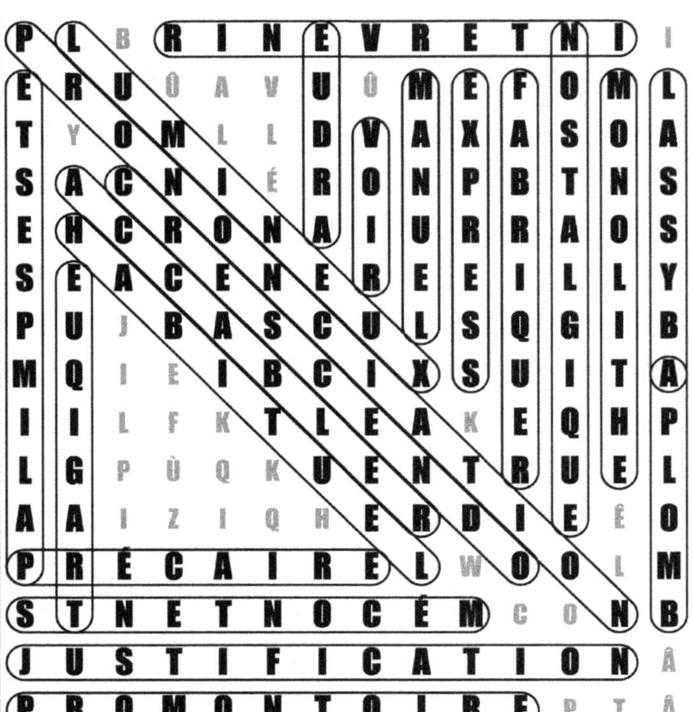

Solution for Puzzle 6

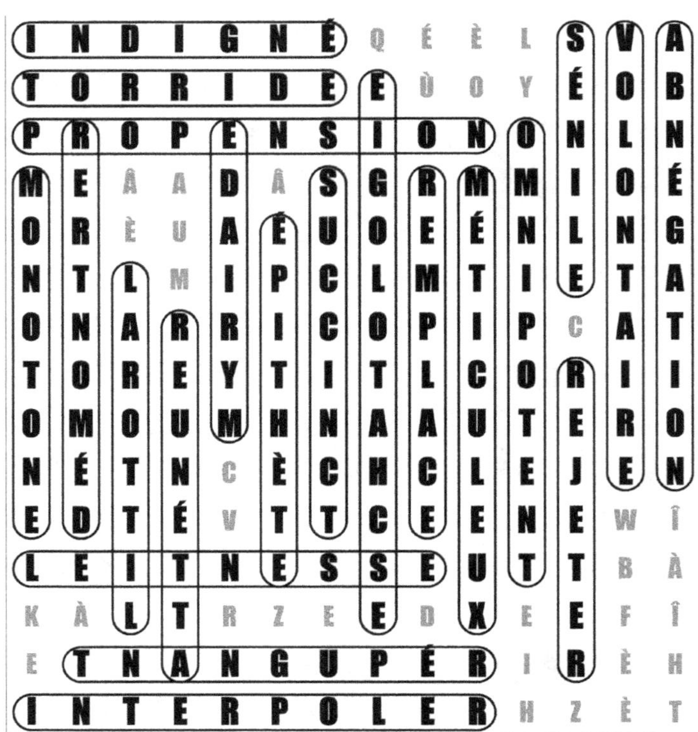

Solution for Puzzle 7

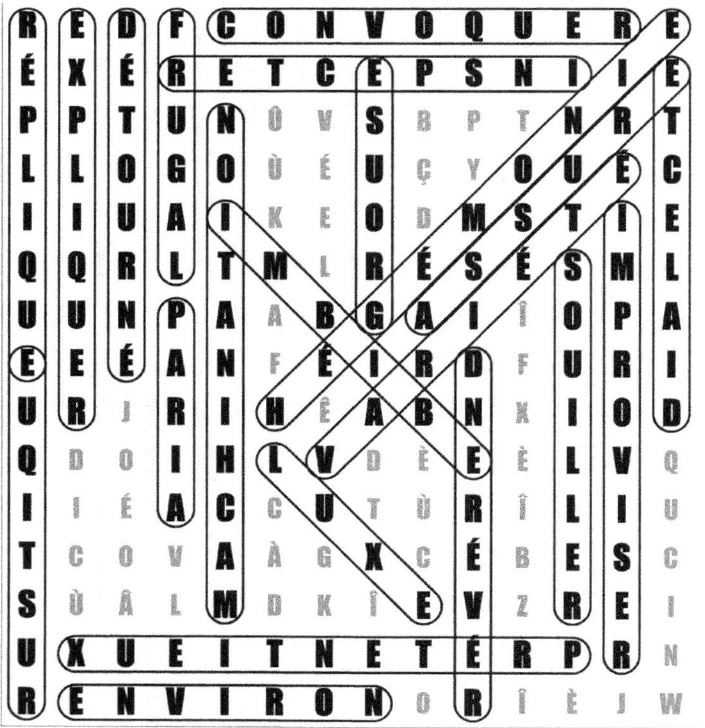

Solution for Puzzle 8

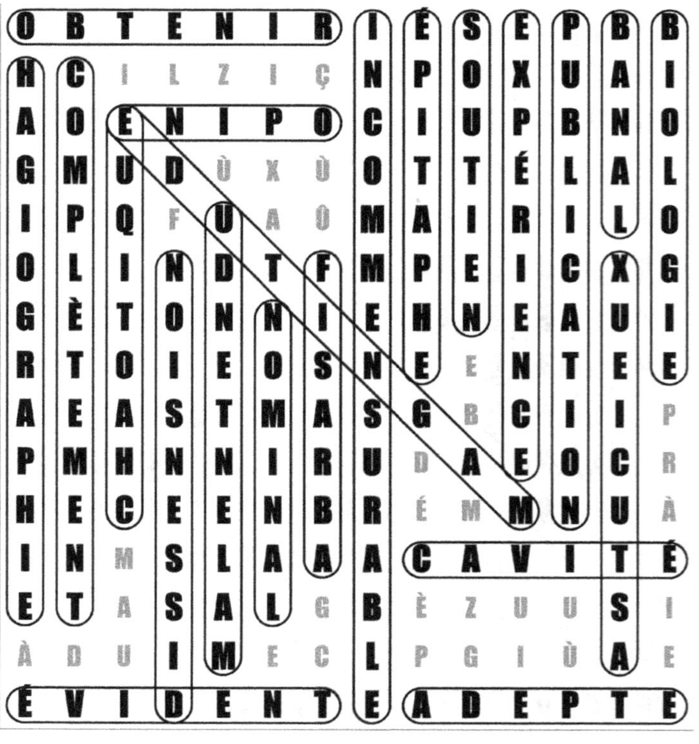

Solution for Puzzle 9

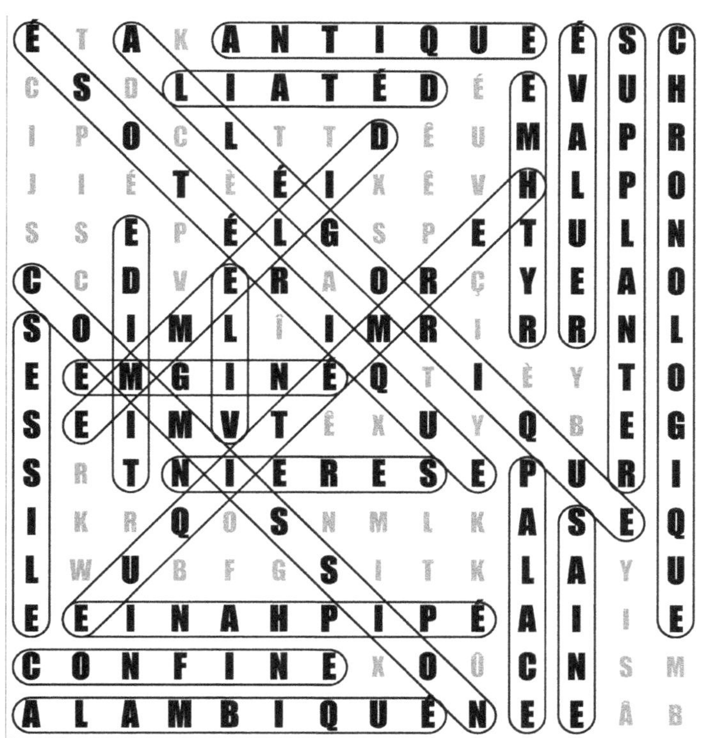

Solution for Puzzle 10

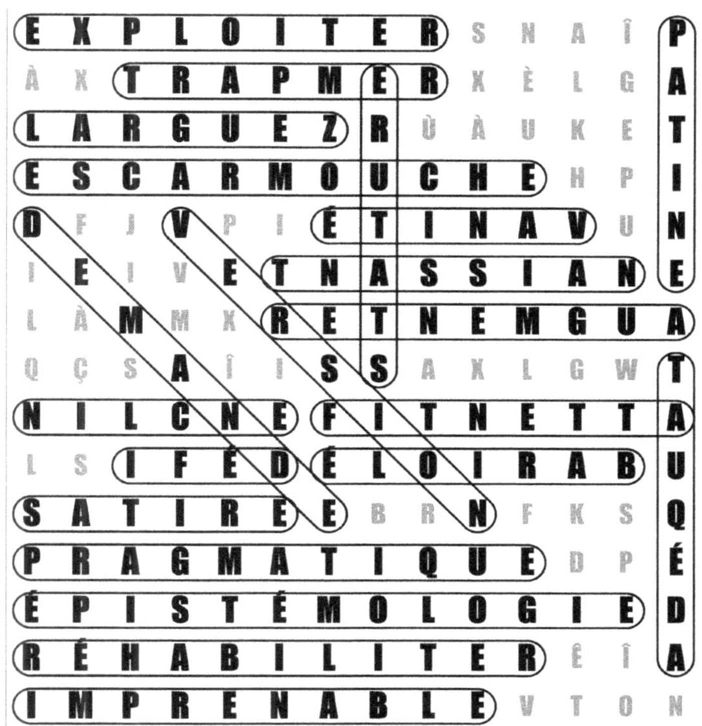

Solution for Puzzle 11

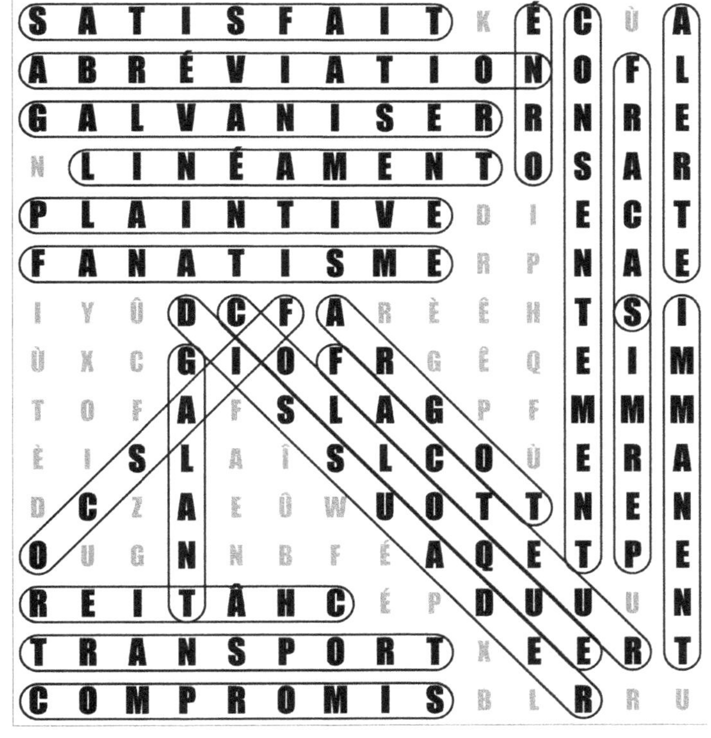

Solution for Puzzle 12

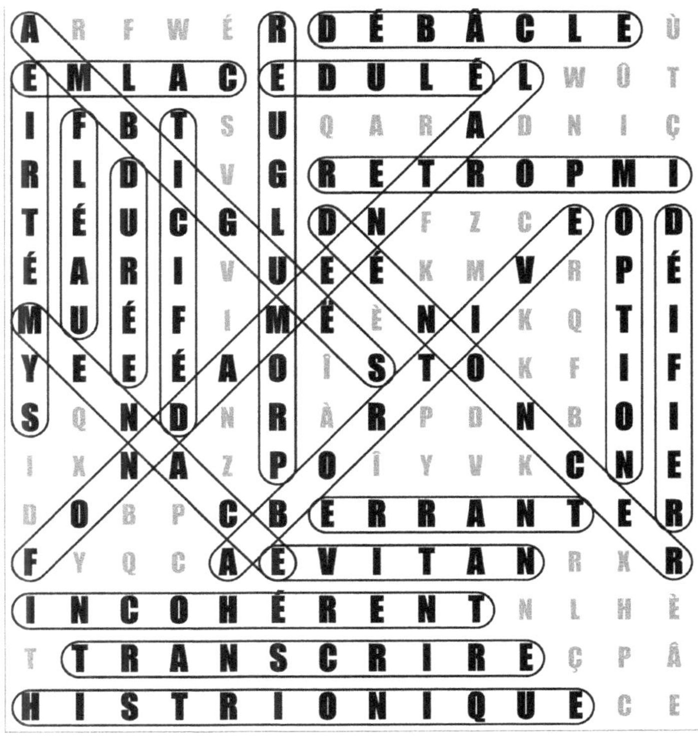

Solution for Puzzle 13

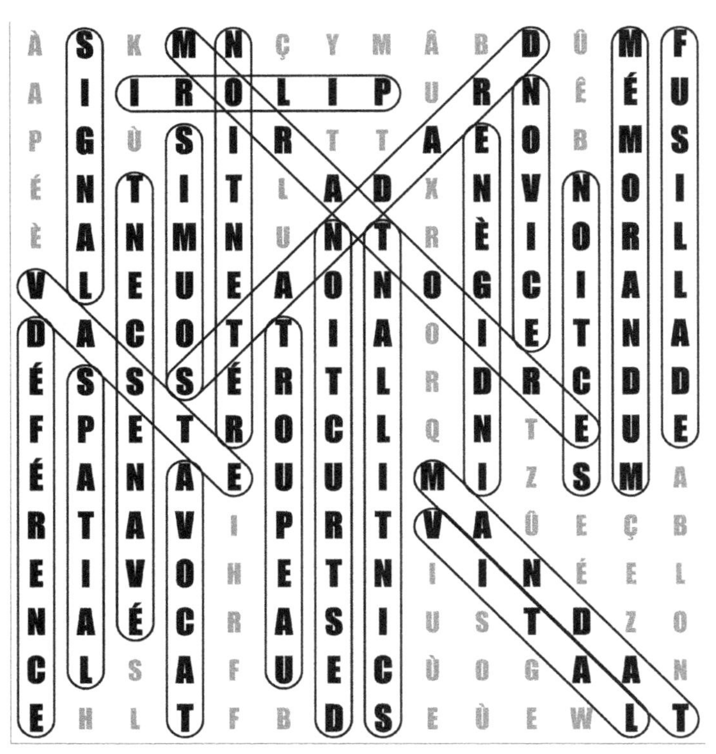

Solution for Puzzle 14

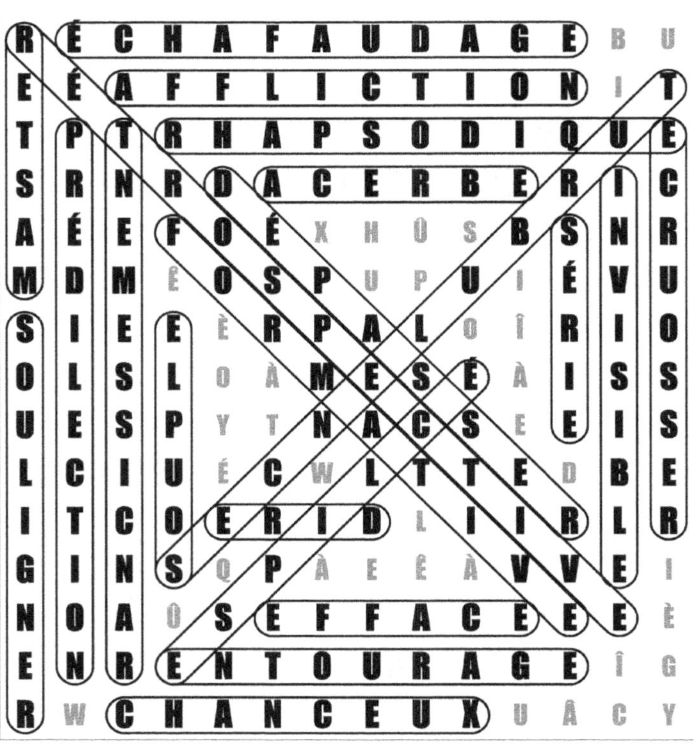

Solution for Puzzle 15

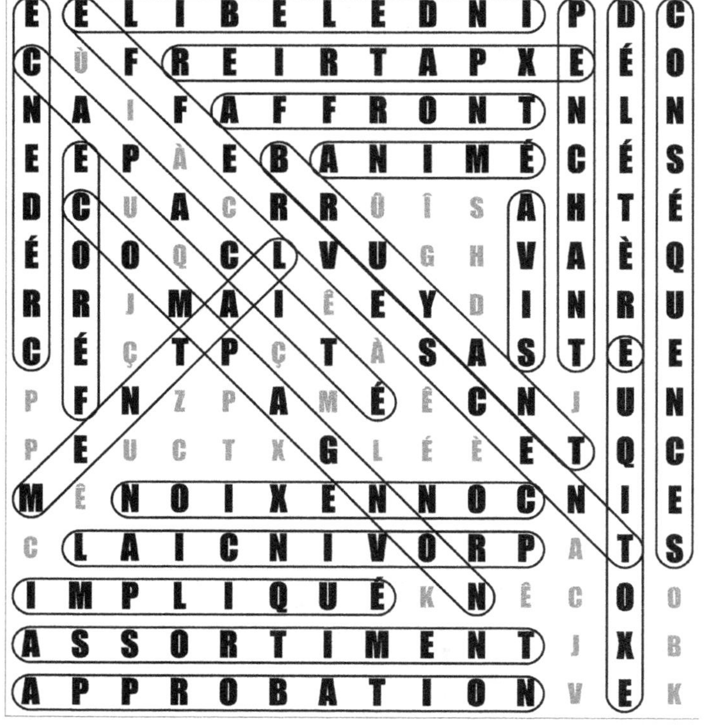

Solution for Puzzle 16

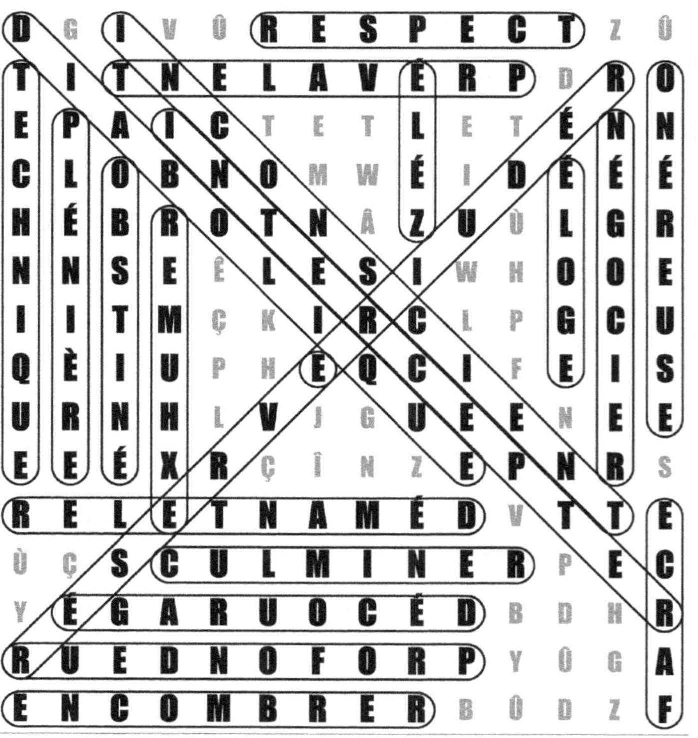

Solution for Puzzle 17

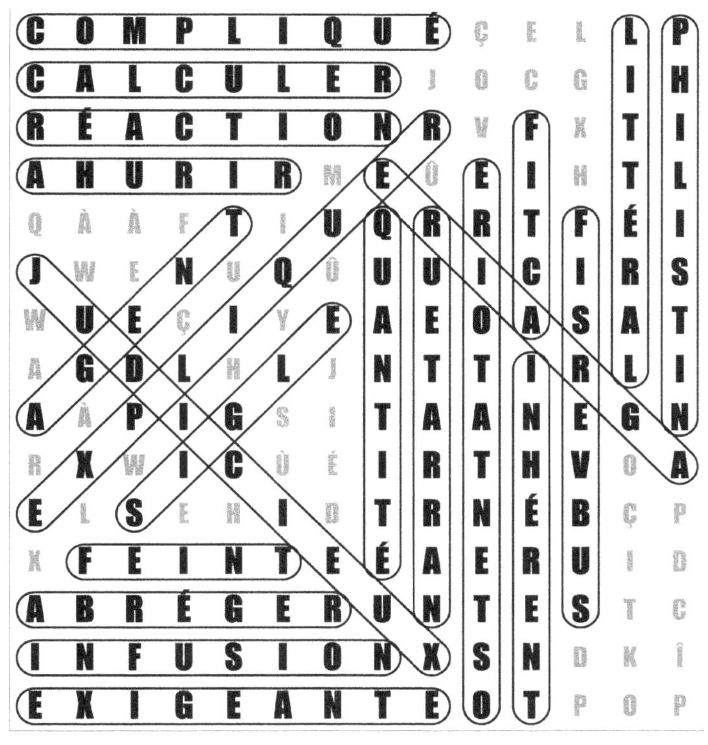

Solution for Puzzle 18

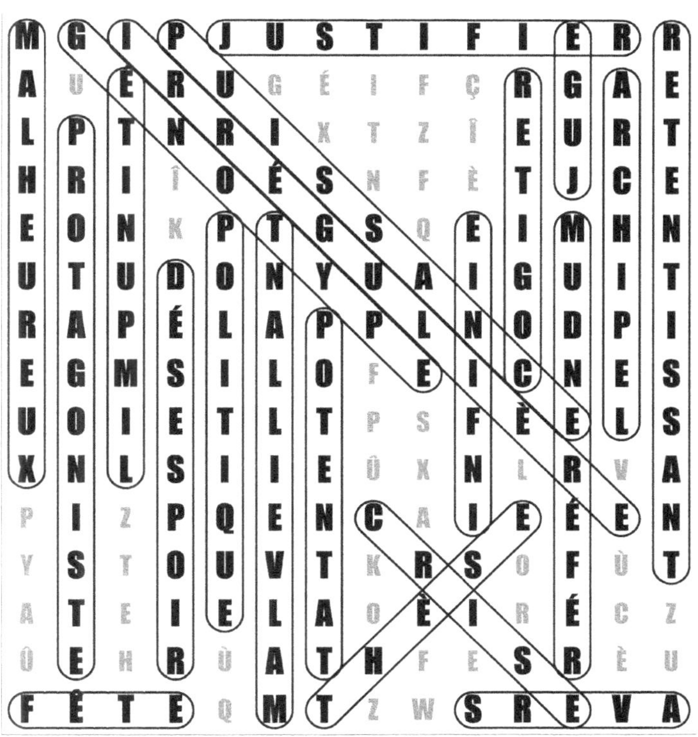

Solution for Puzzle 19

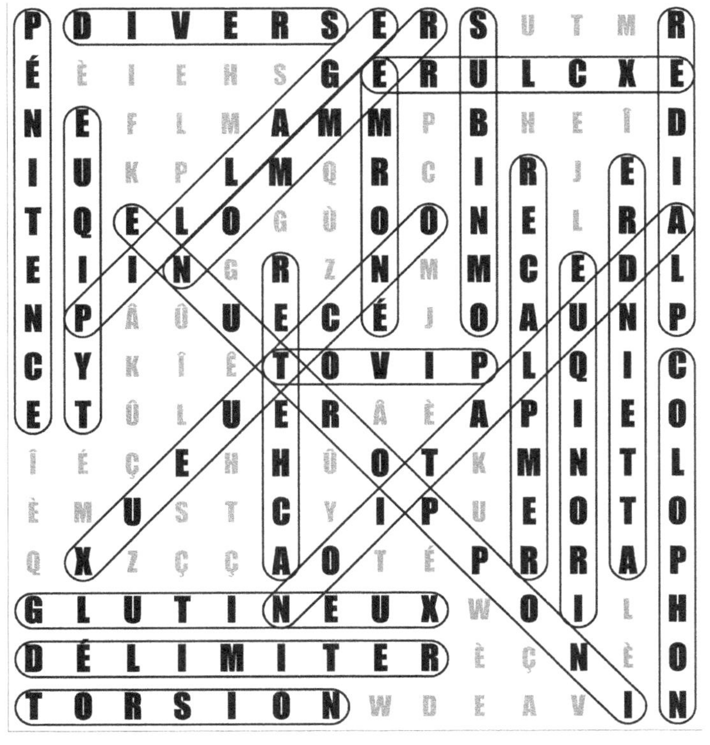

Solution for Puzzle 20

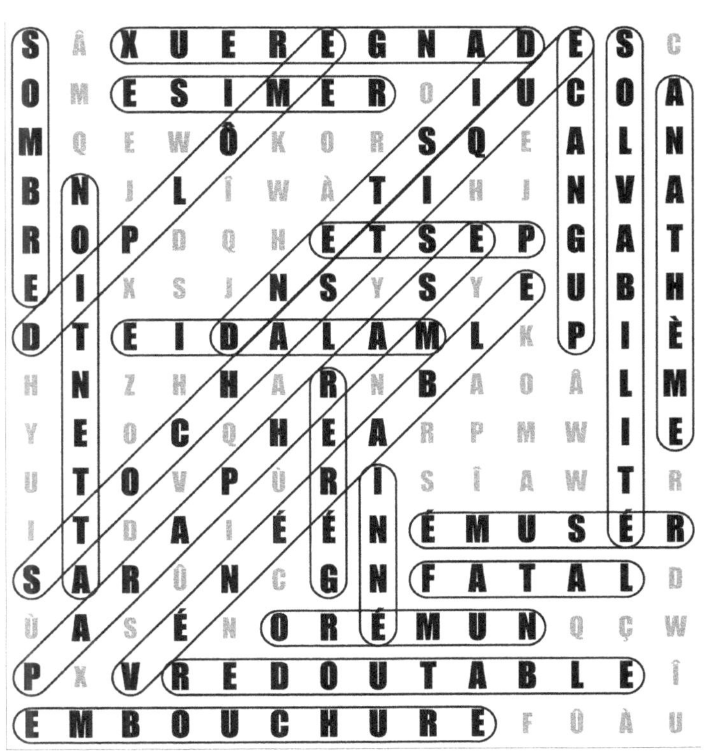

Solution for Puzzle 21

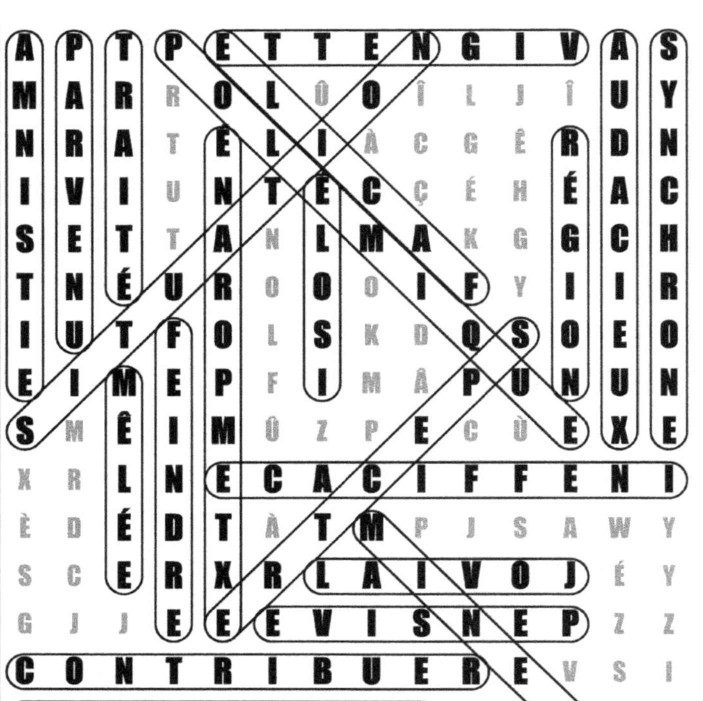

Solution for Puzzle 22

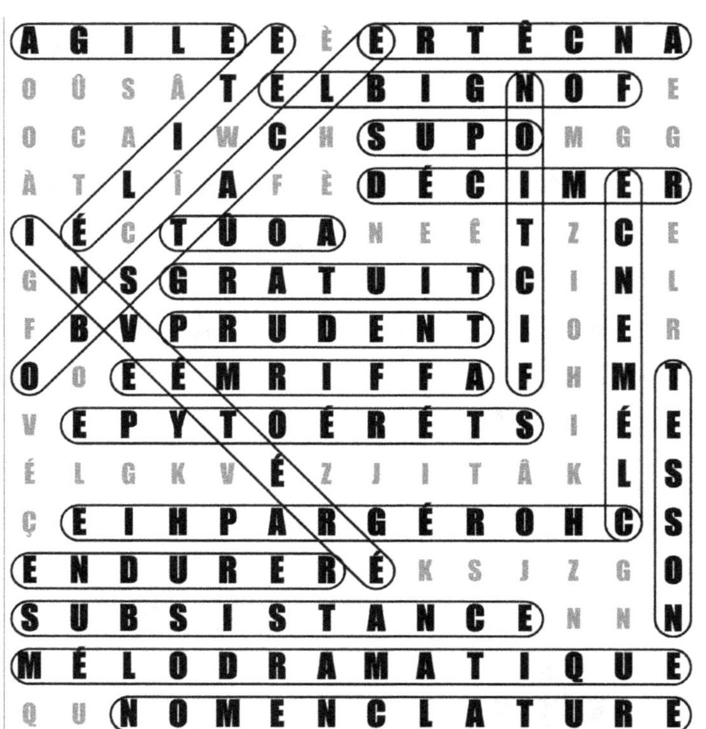

Solution for Puzzle 23

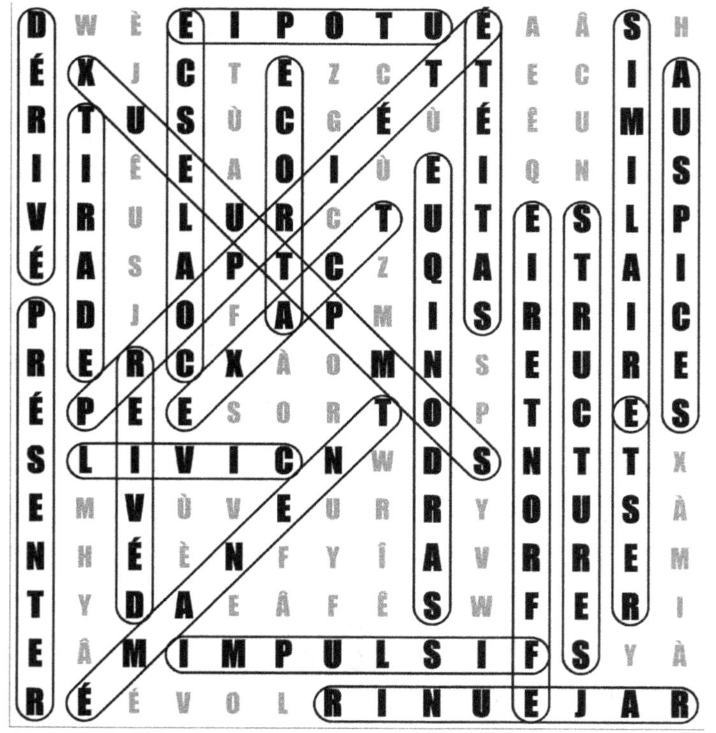

Solution for Puzzle 24

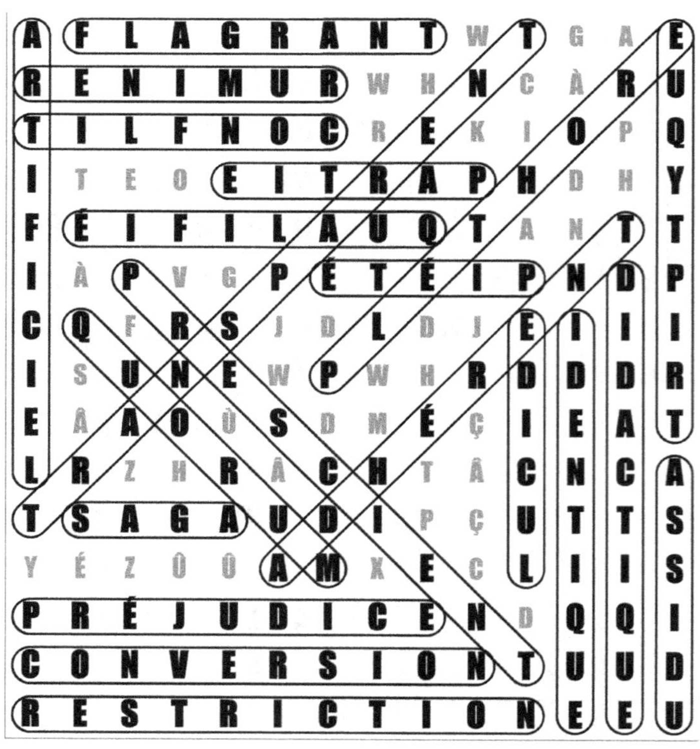

Solution for Puzzle 25

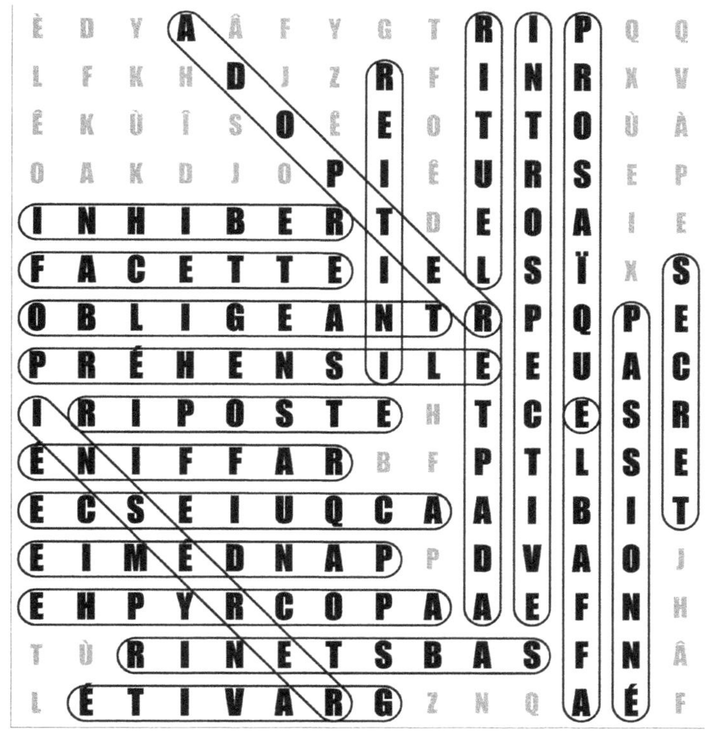

Solution for Puzzle 26

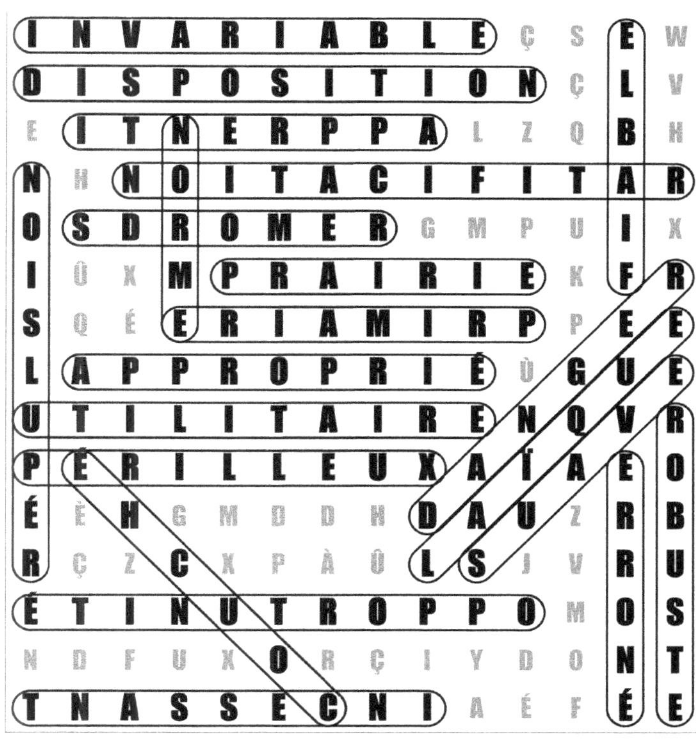

Solution for Puzzle 27

Solution for Puzzle 28

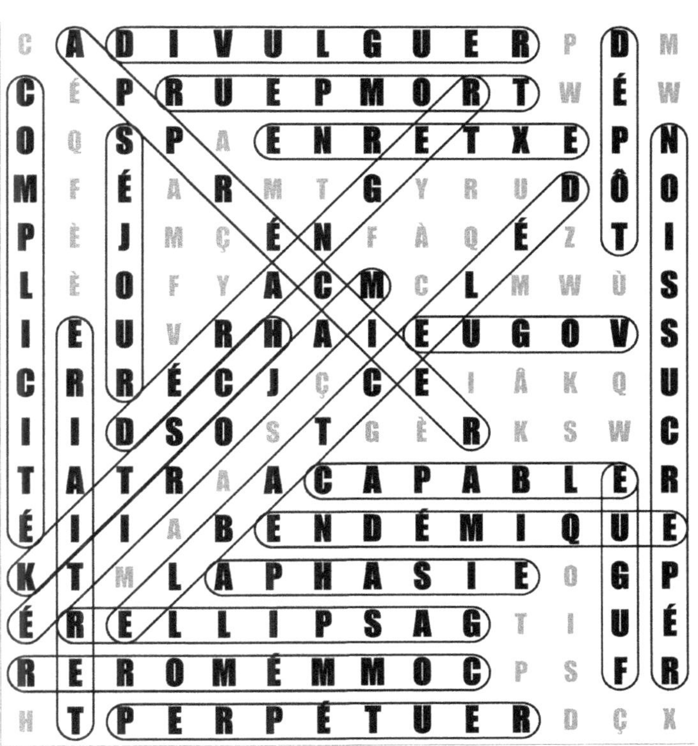

Solution for Puzzle 29

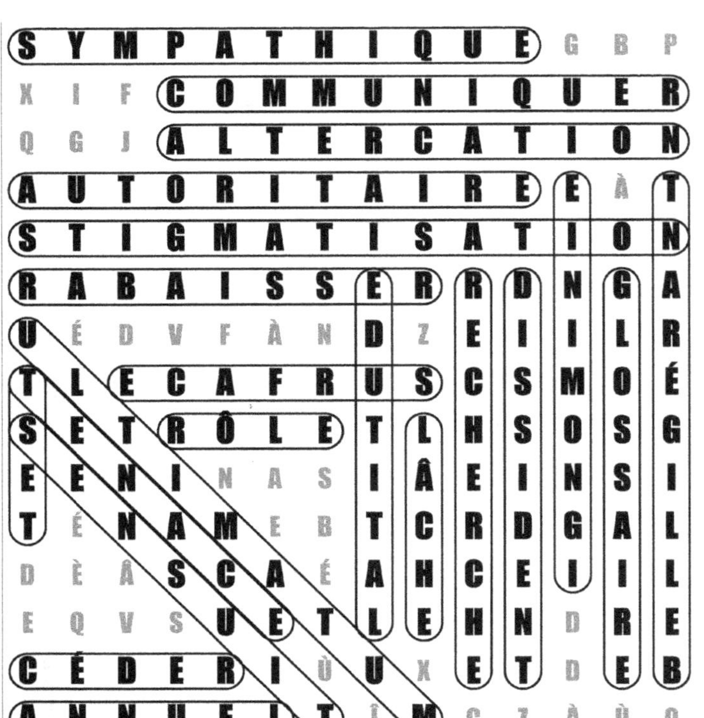

Solution for Puzzle 30

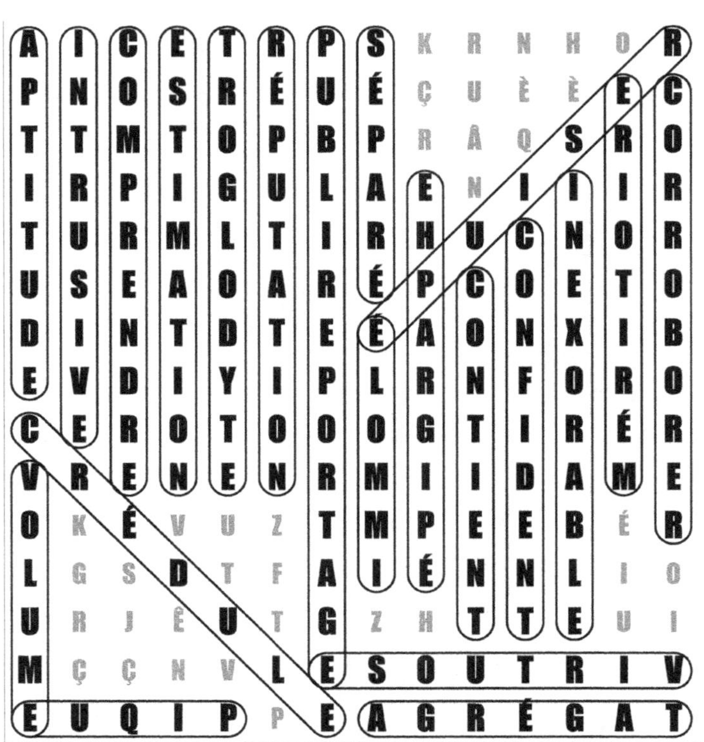

Solution for Puzzle 31

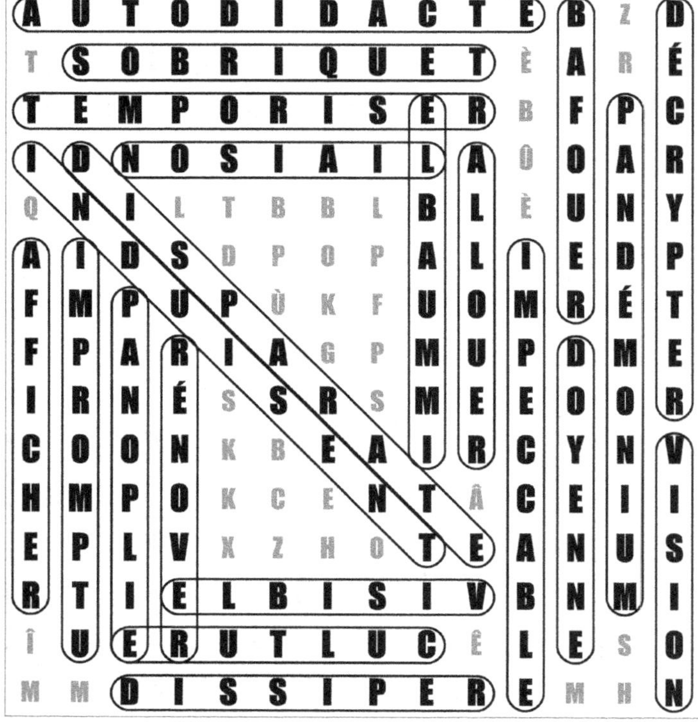

Solution for Puzzle 32

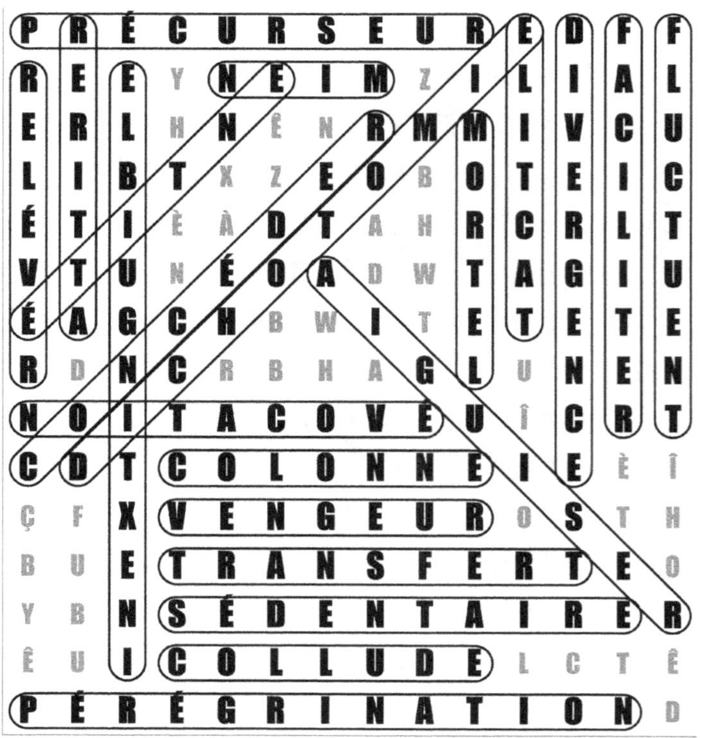

Solution for Puzzle 33

Solution for Puzzle 34

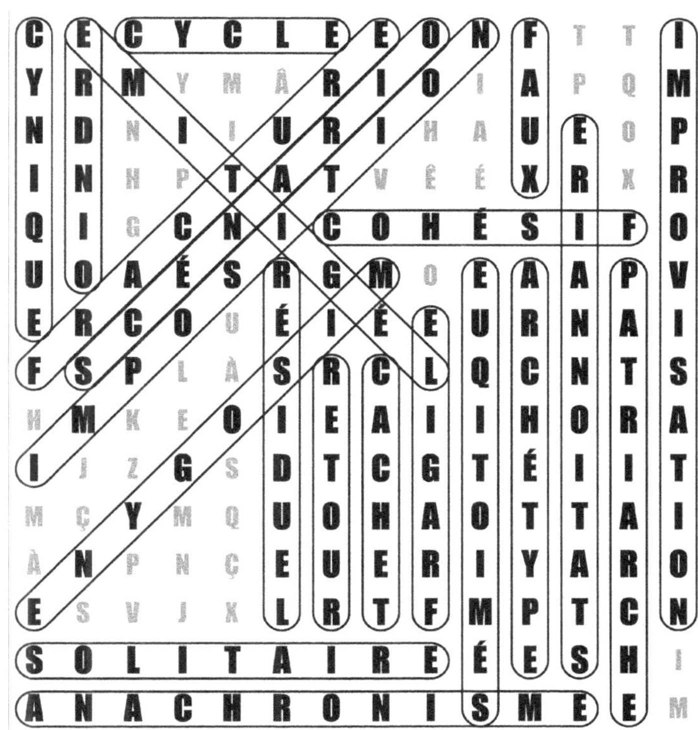

Solution for Puzzle 35

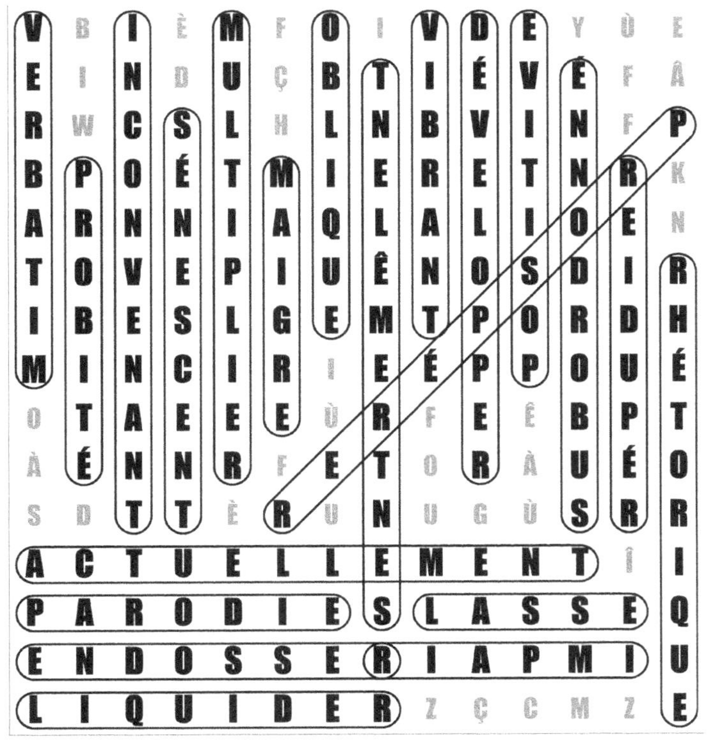

Solution for Puzzle 36

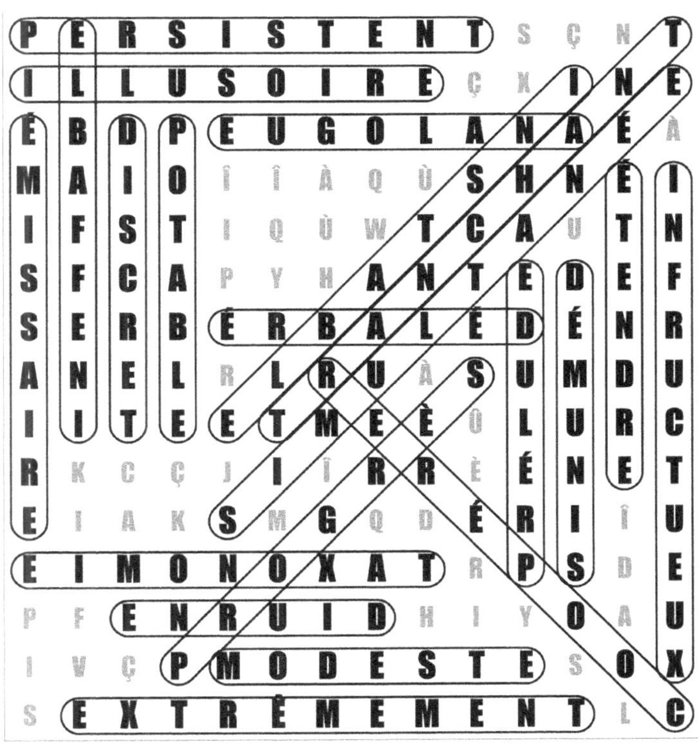

Solution for Puzzle 37

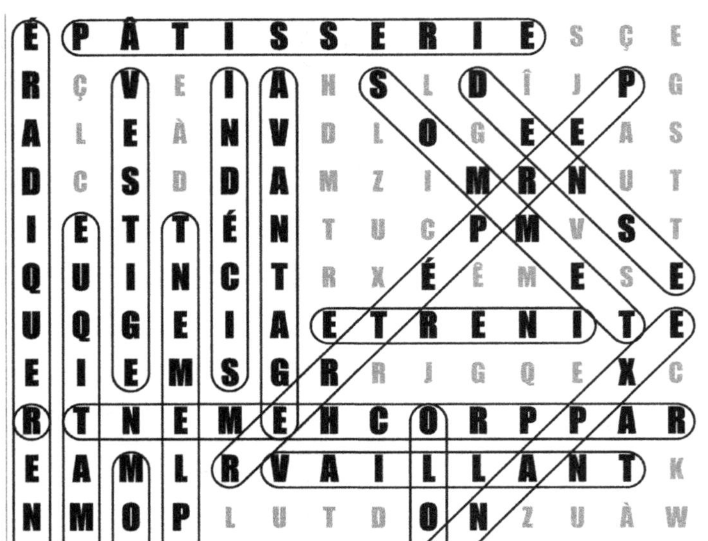

Solution for Puzzle 38

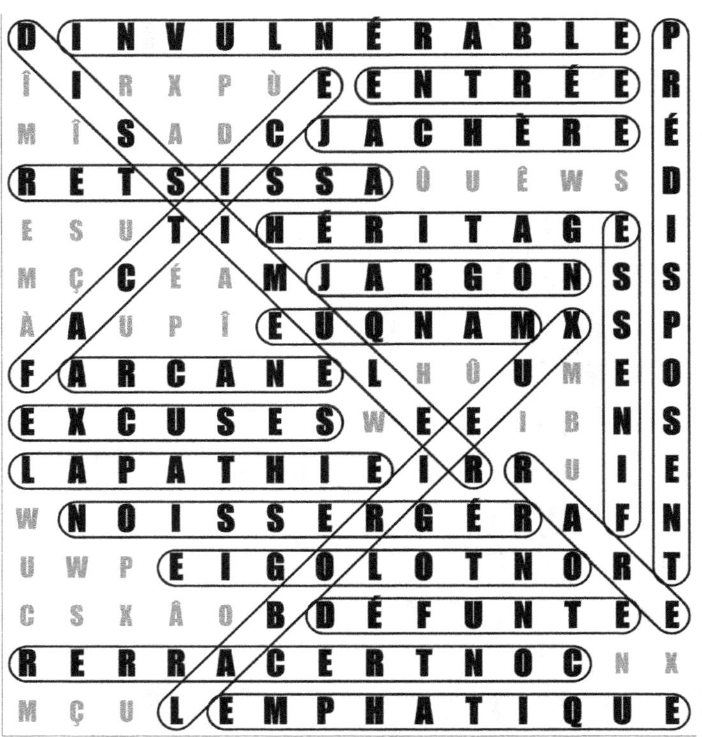

Solution for Puzzle 39

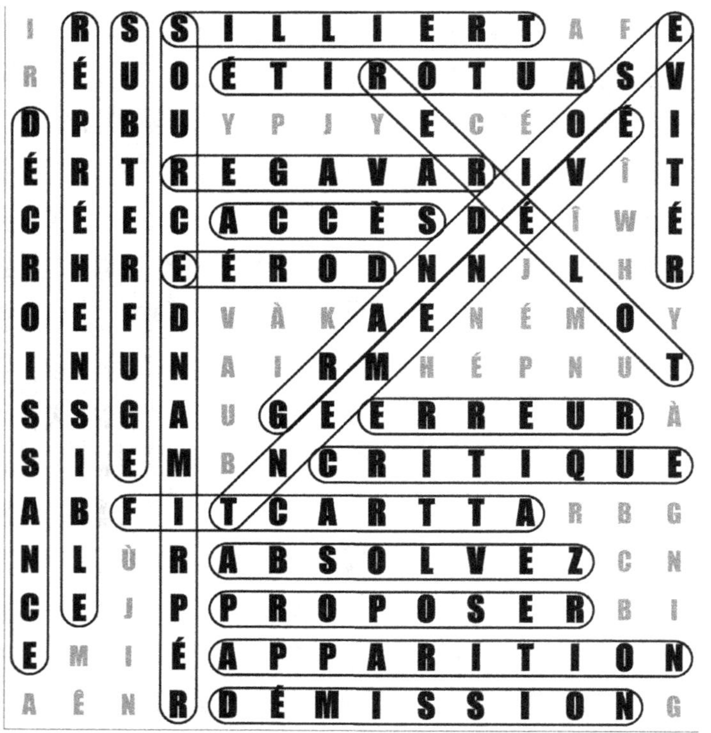

Solution for Puzzle 40

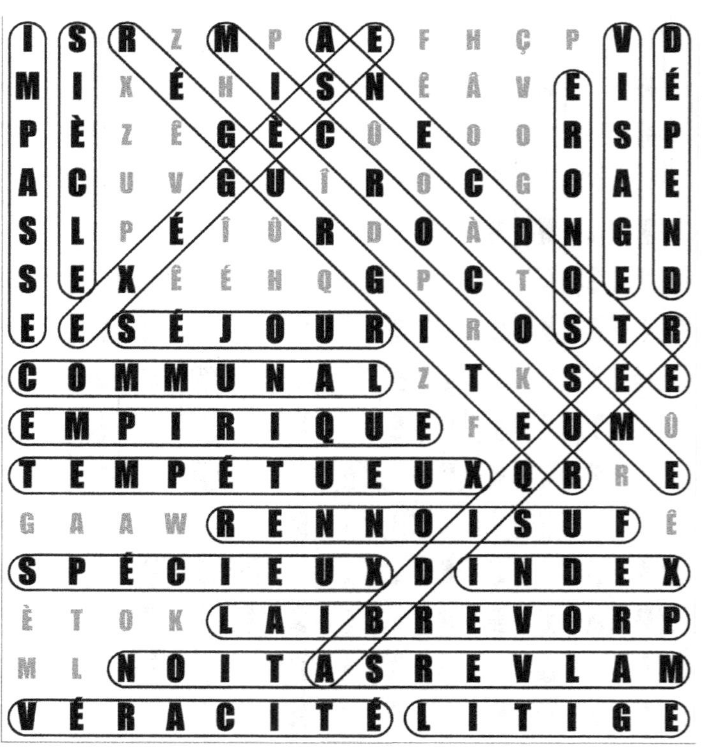

Solution for Puzzle 41

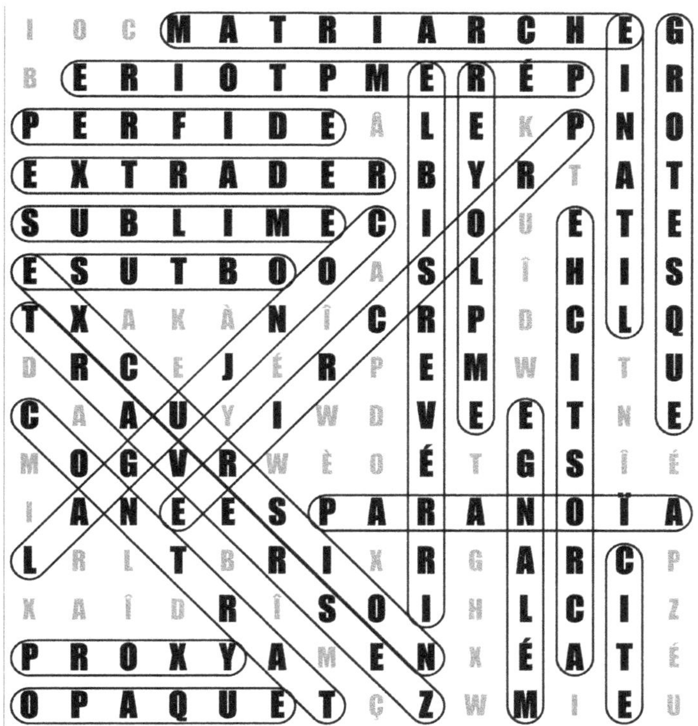

Solution for Puzzle 42

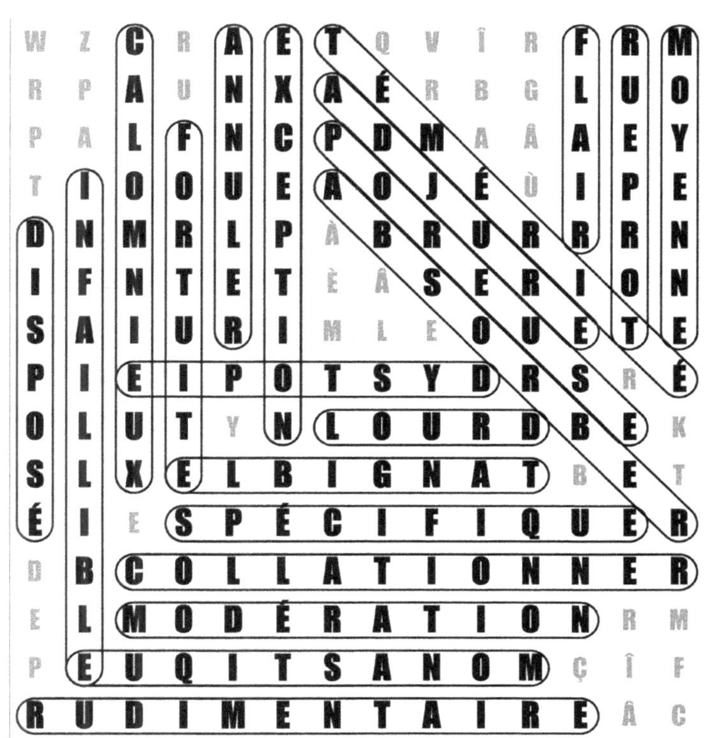

Solution for Puzzle 43

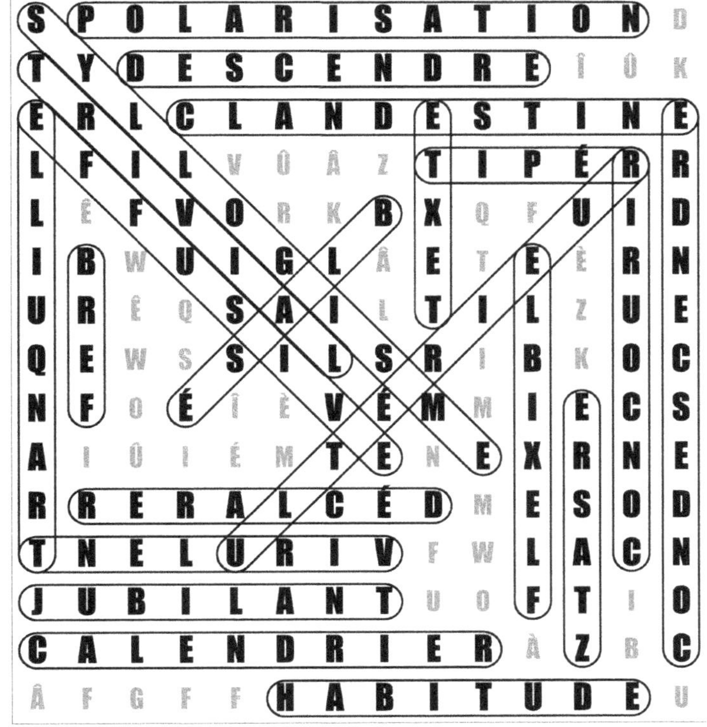

Solution for Puzzle 44

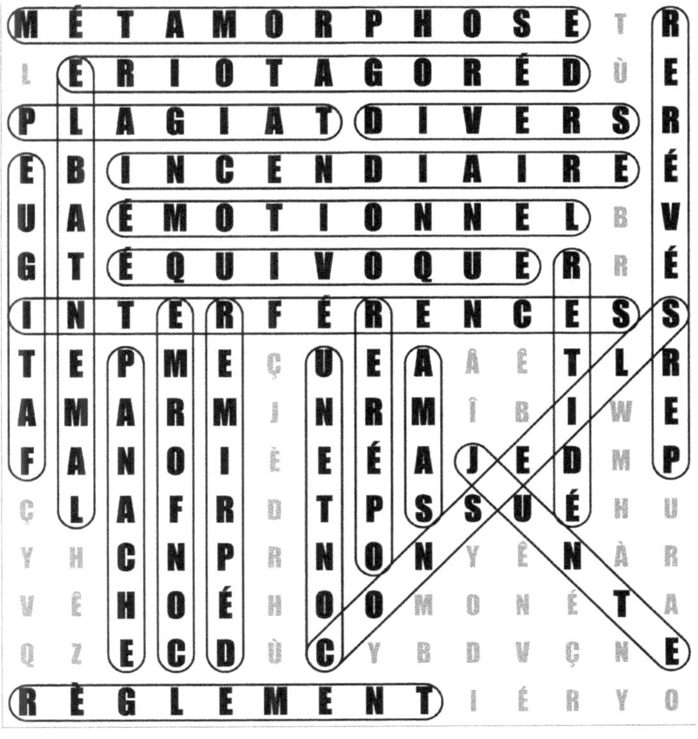

Solution for Puzzle 45

Solution for Puzzle 46

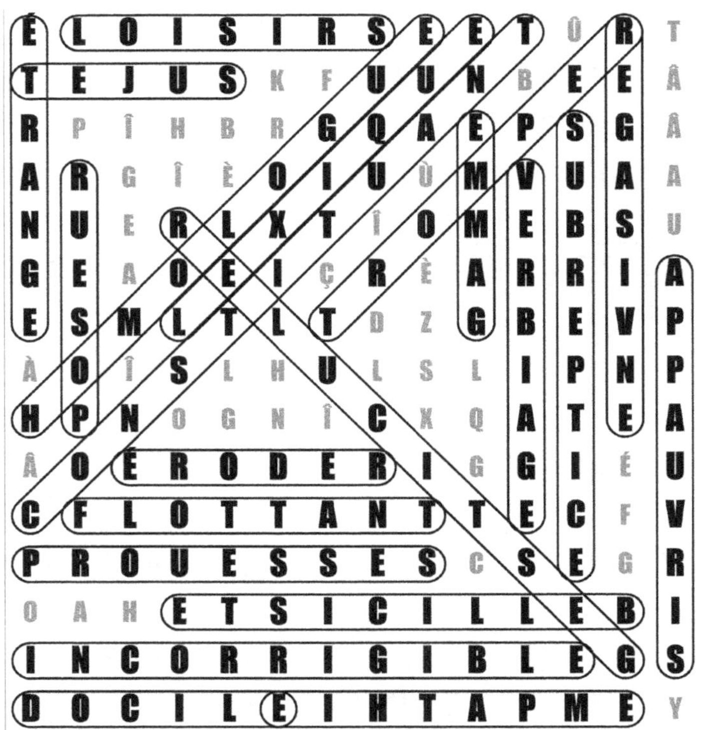

Solution for Puzzle 47

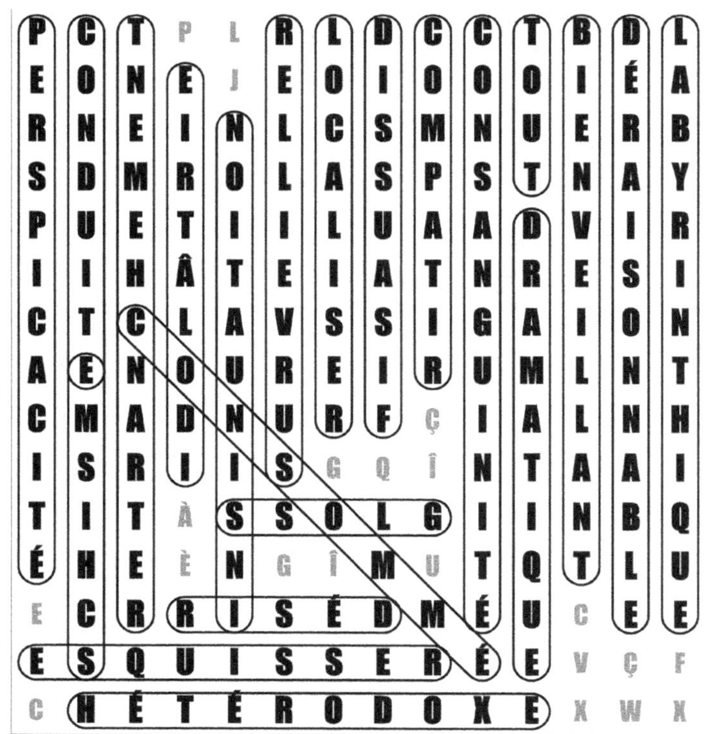

Solution for Puzzle 48

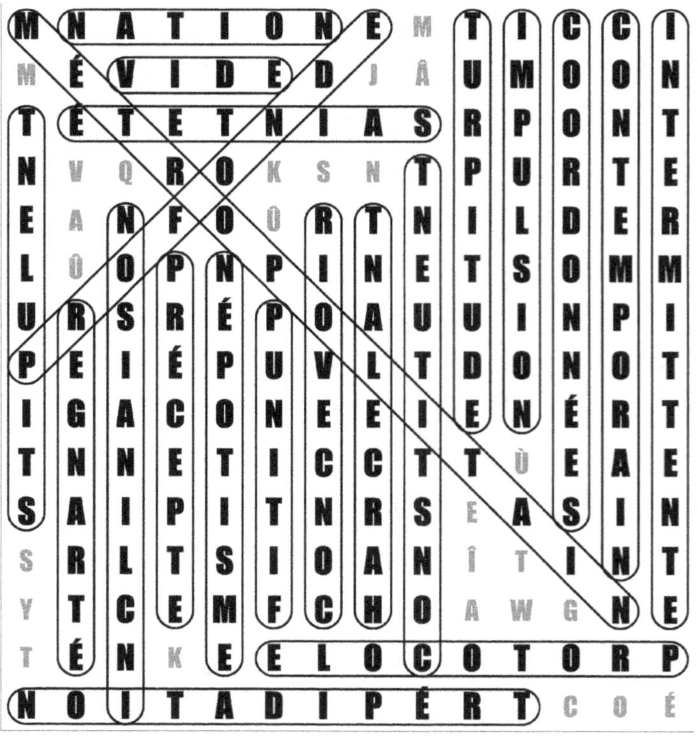

Solution for Puzzle 49

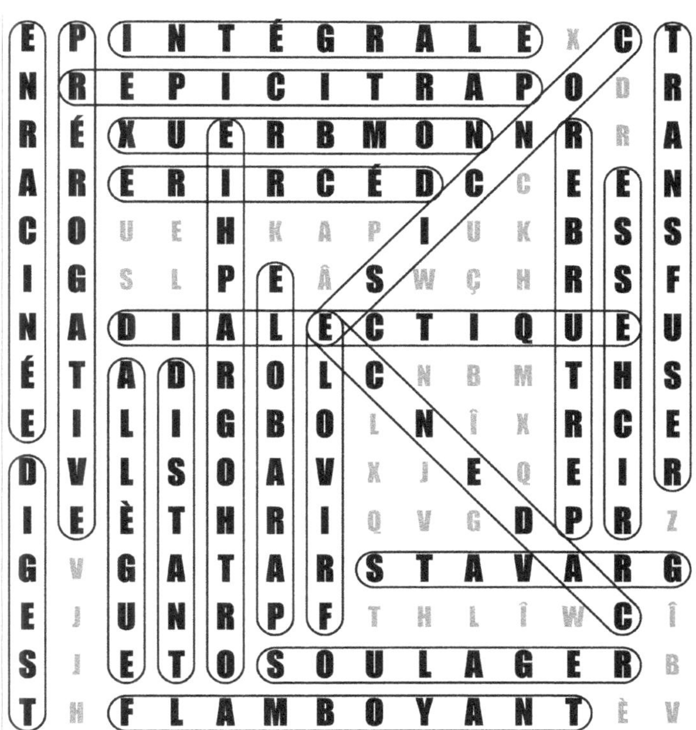

Solution for Puzzle 50

Solution for Puzzle 51

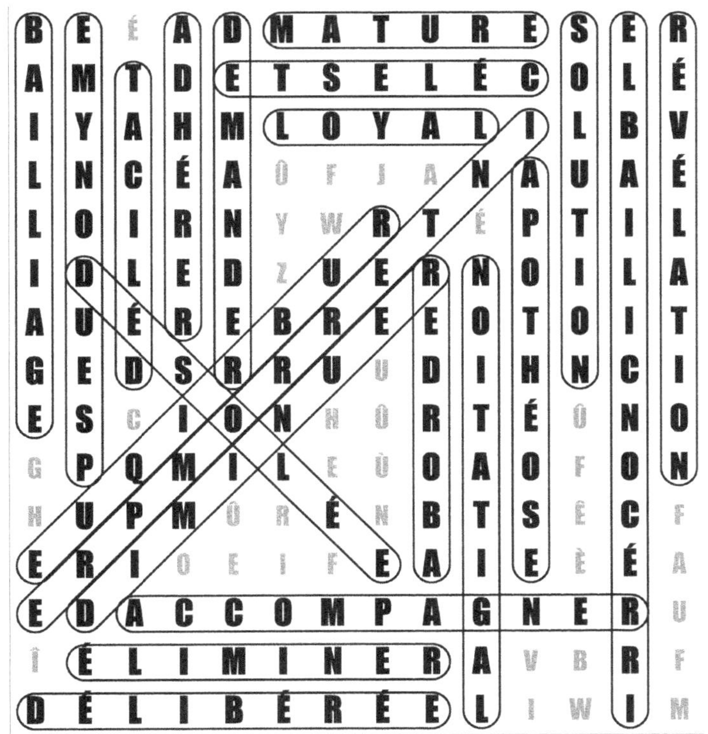

Solution for Puzzle 52

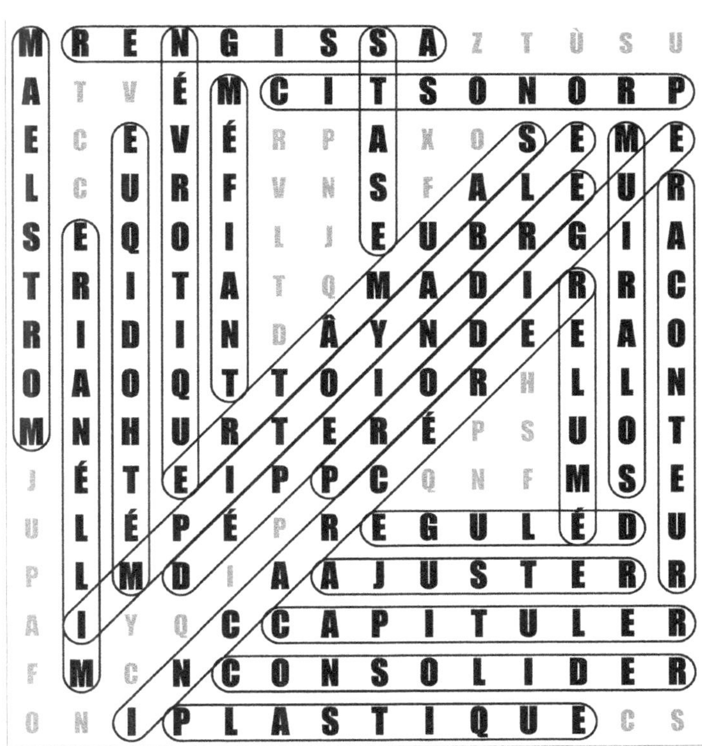

Solution for Puzzle 53

Solution for Puzzle 54

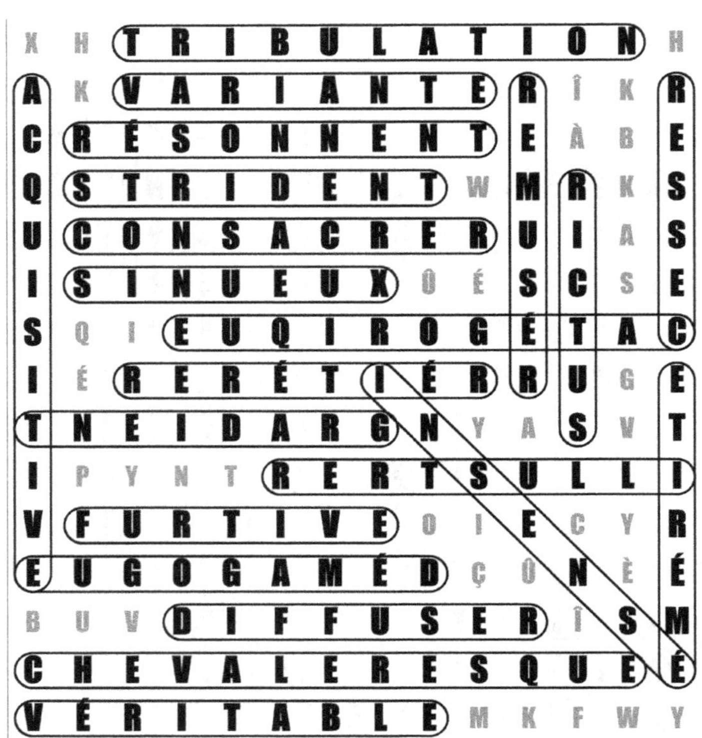

Solution for Puzzle 55

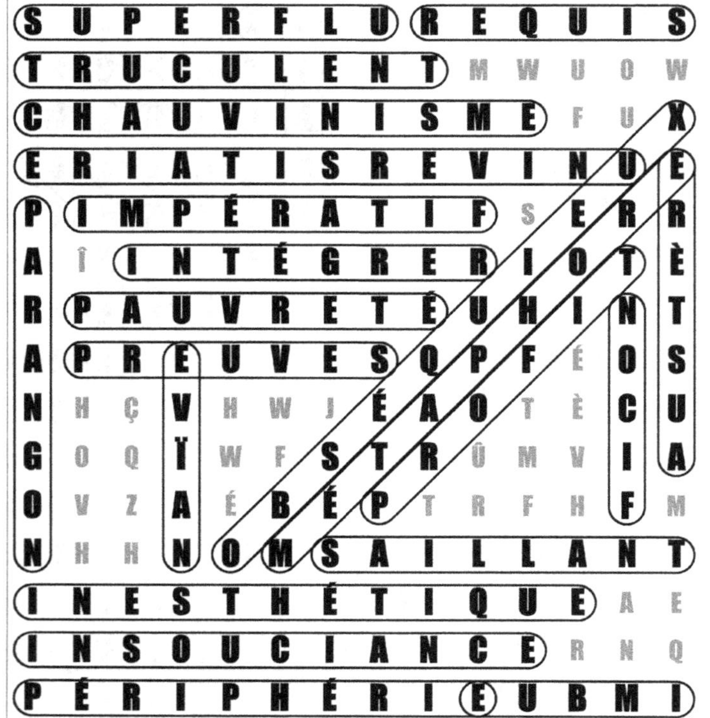

Solution for Puzzle 56

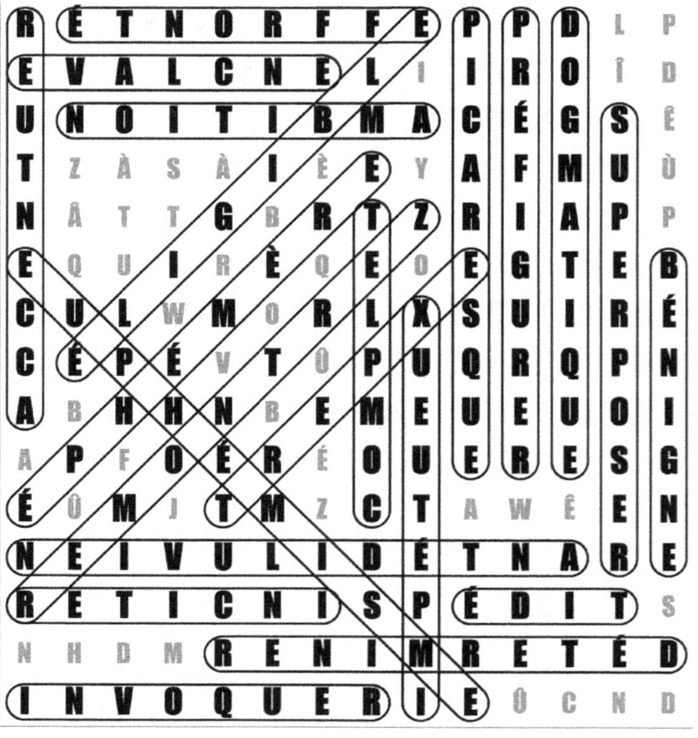

Solution for Puzzle 57

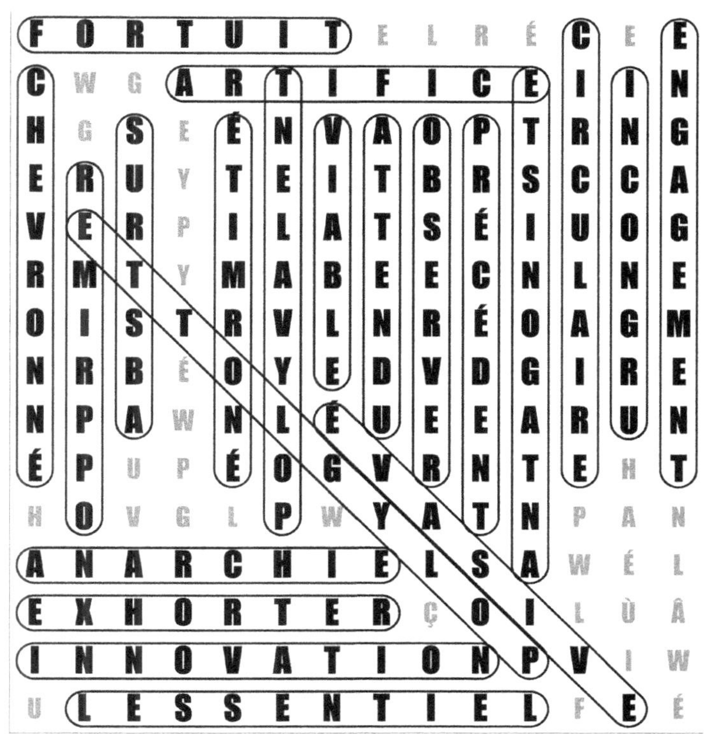

Solution for Puzzle 58

Solution for Puzzle 59

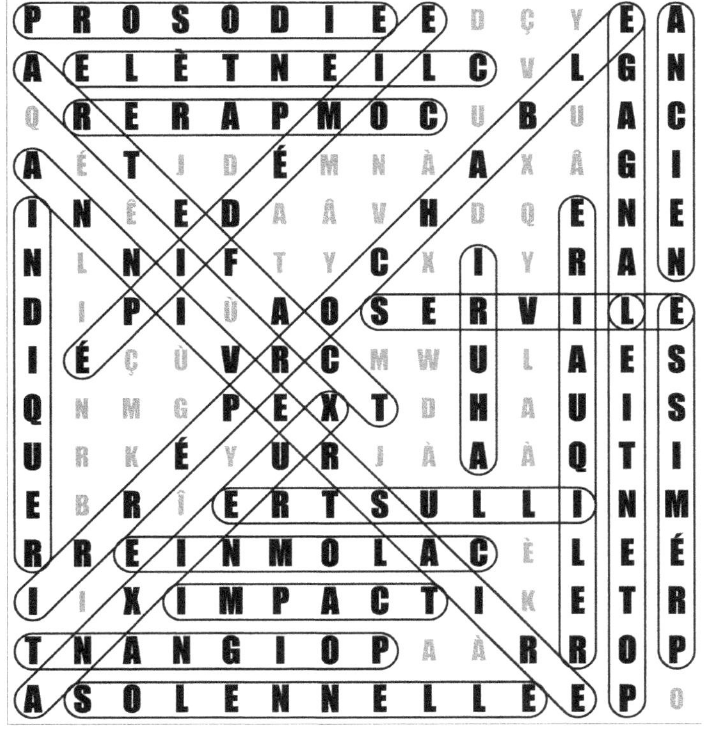

Solution for Puzzle 60

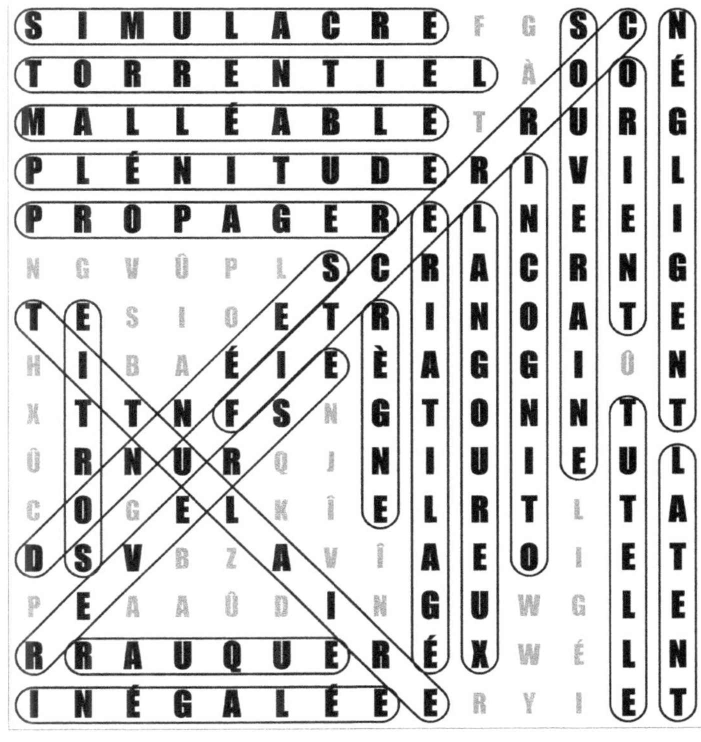

Solution for Puzzle 61

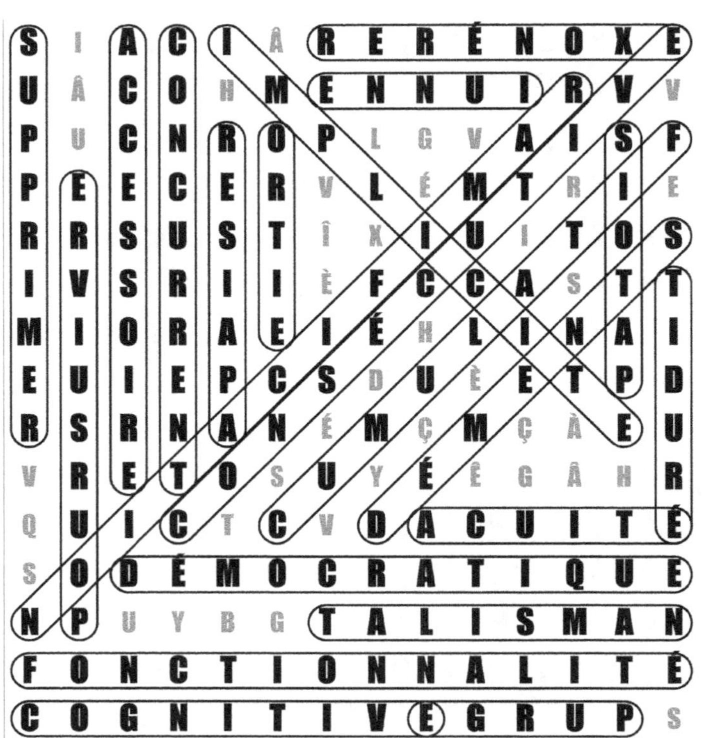

Solution for Puzzle 62

Solution for Puzzle 63

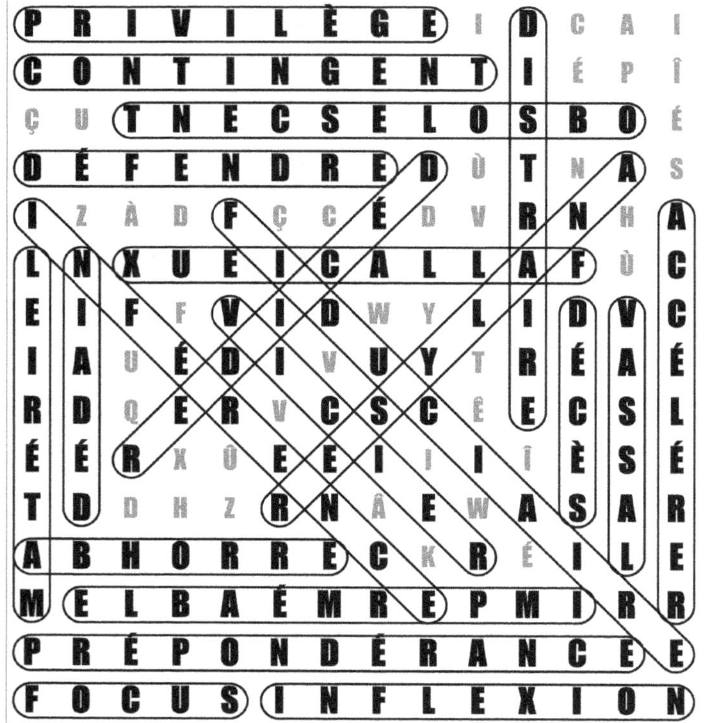

Solution for Puzzle 64

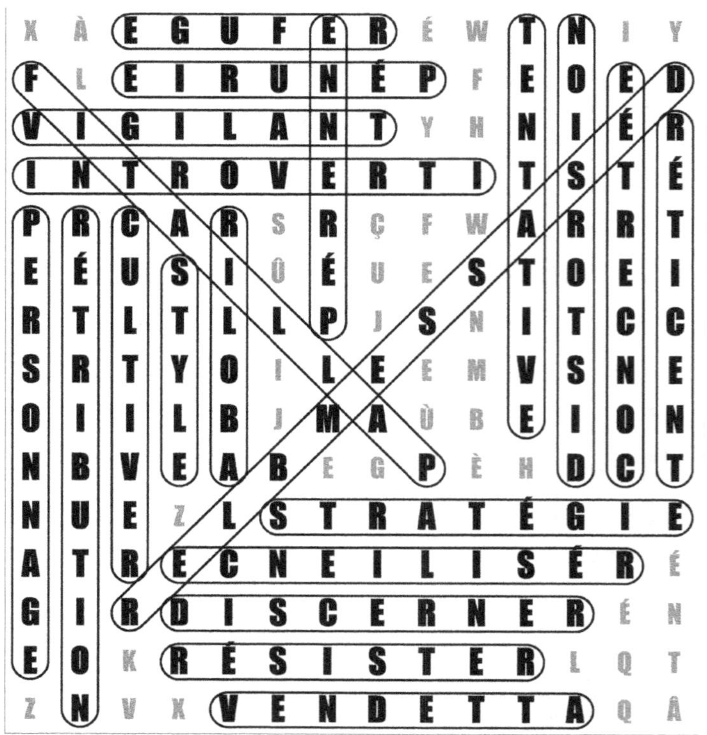

Solution for Puzzle 65

Solution for Puzzle 66

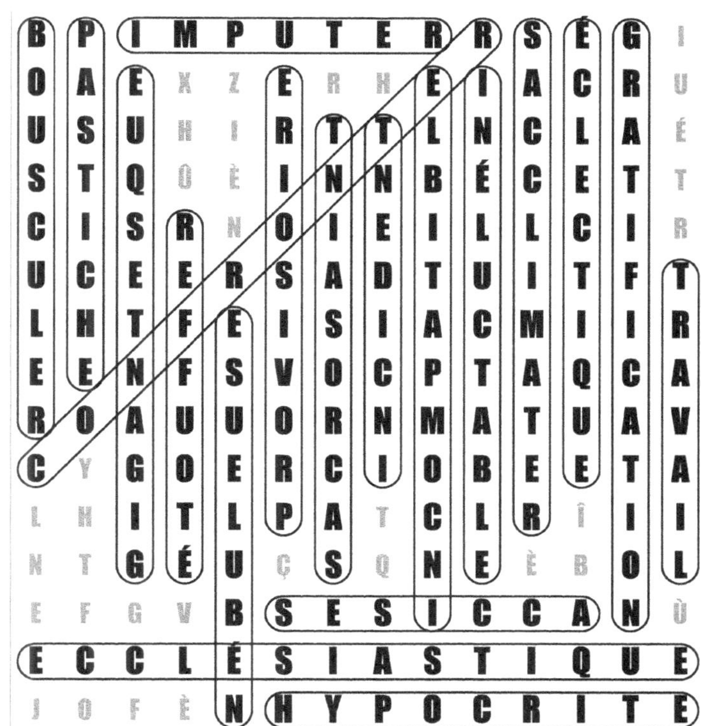

Solution for Puzzle 67

Solution for Puzzle 68

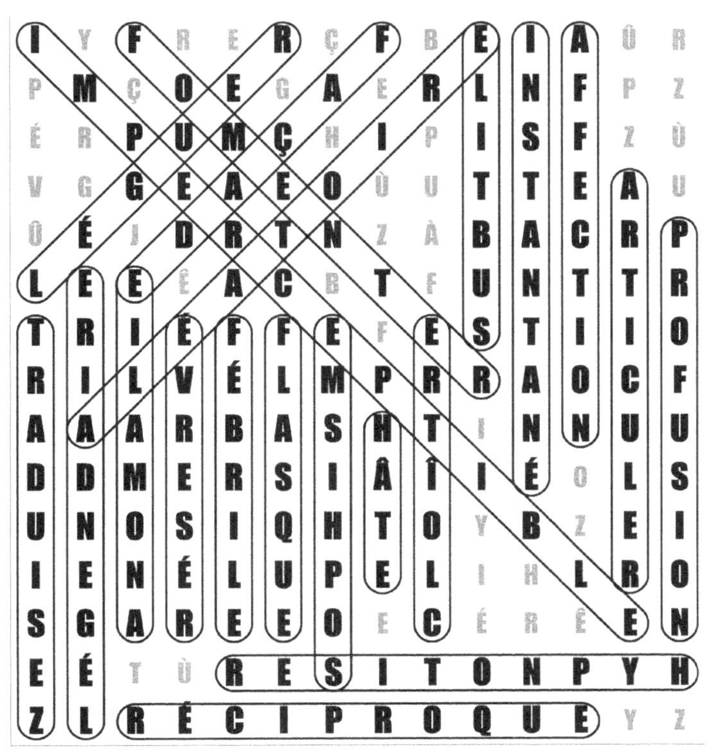

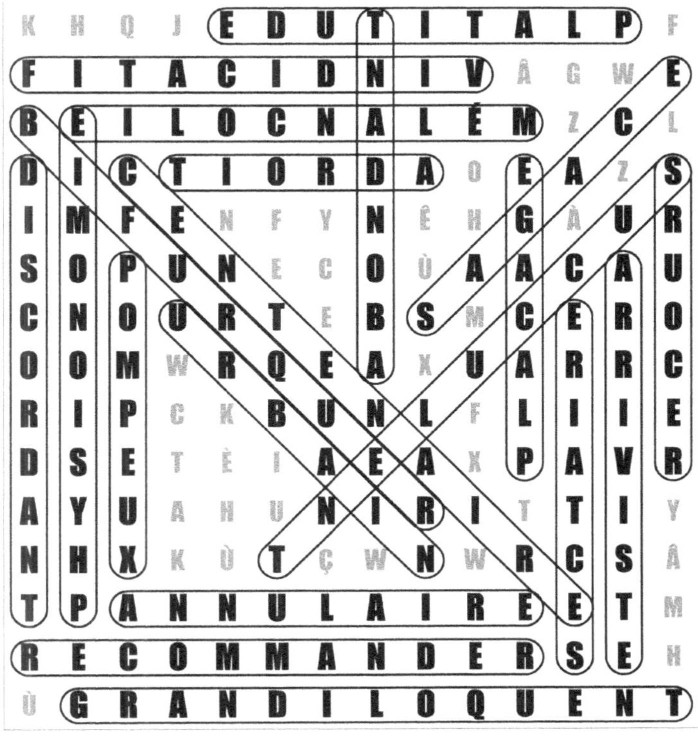

Solution for Puzzle 69

Solution for Puzzle 70

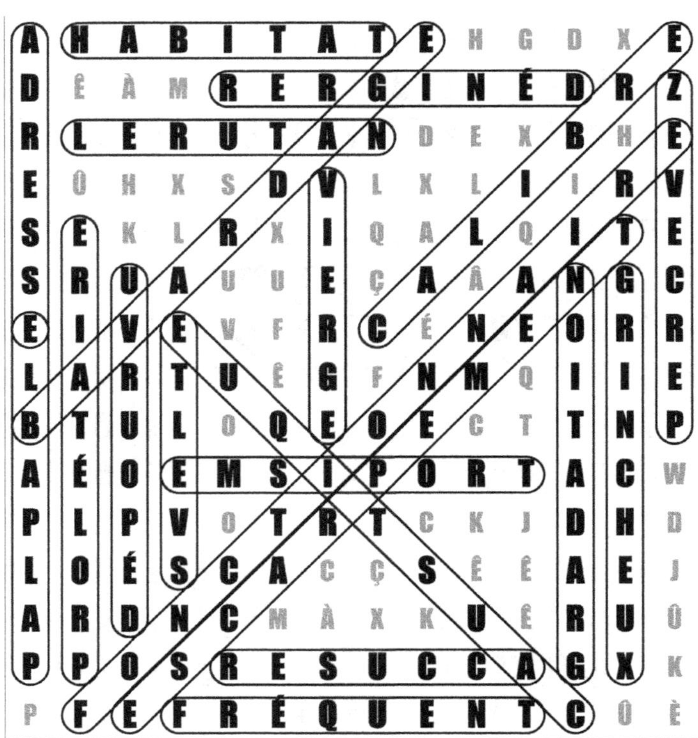

Solution for Puzzle 71

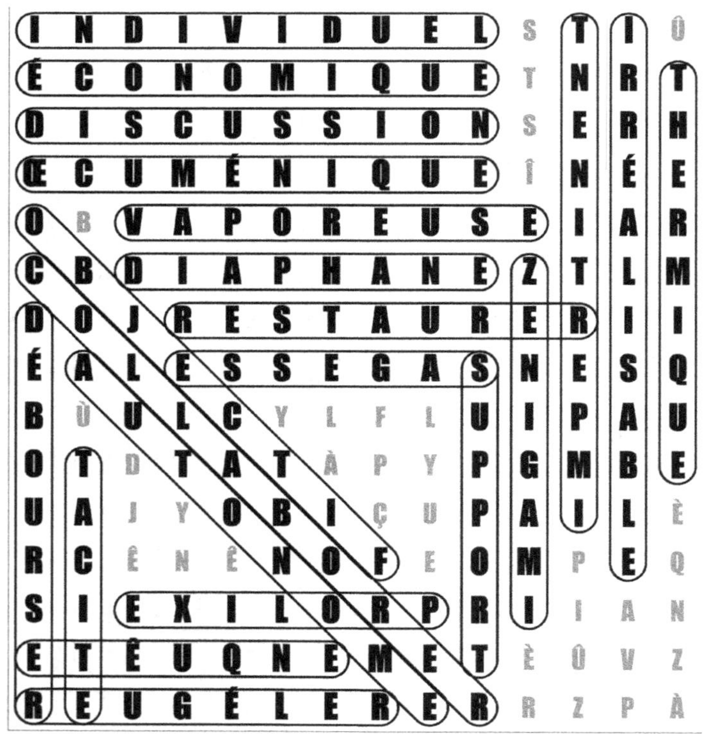

Solution for Puzzle 72

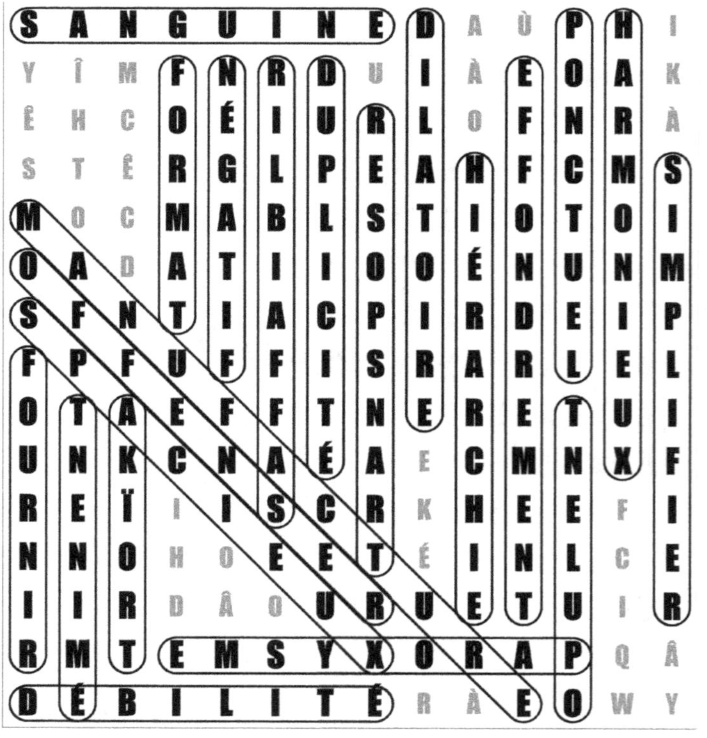

Solution for Puzzle 73

Solution for Puzzle 74

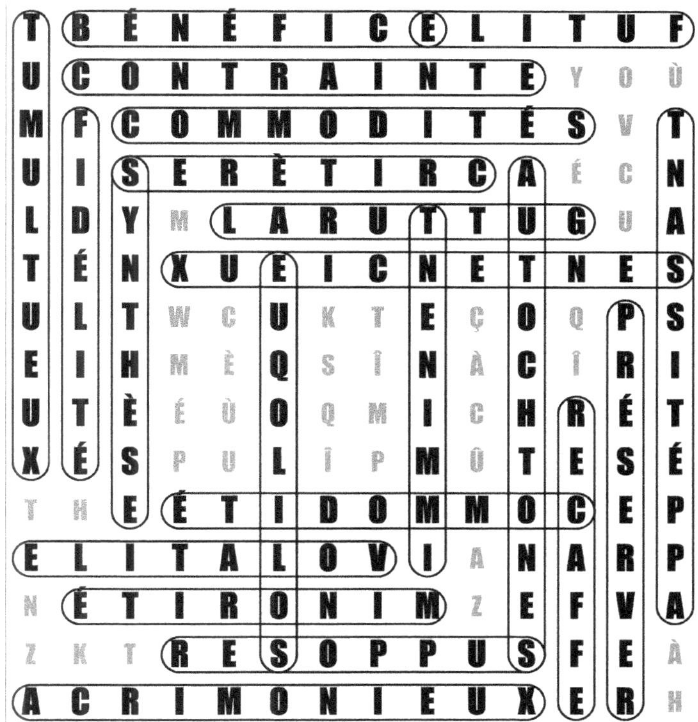

Solution for Puzzle 75

Solution for Puzzle 76

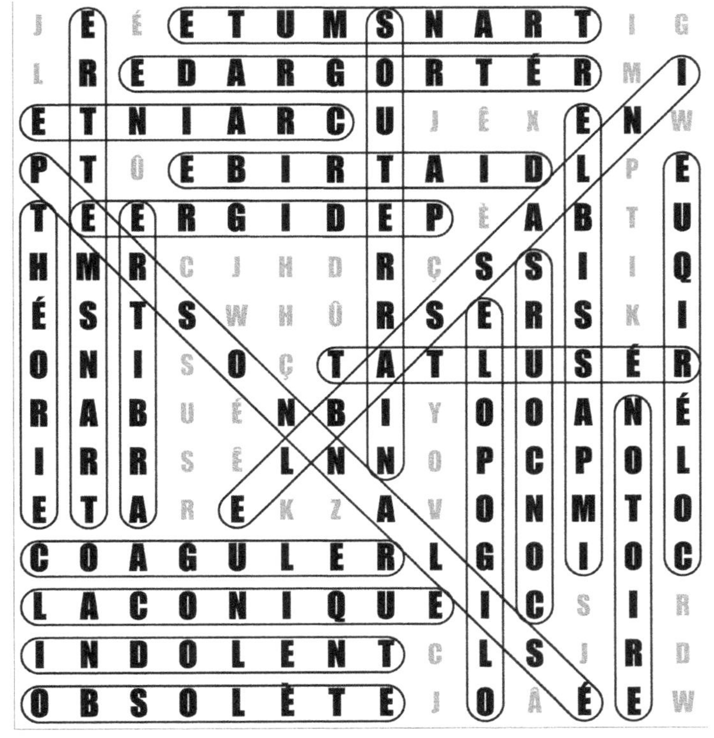

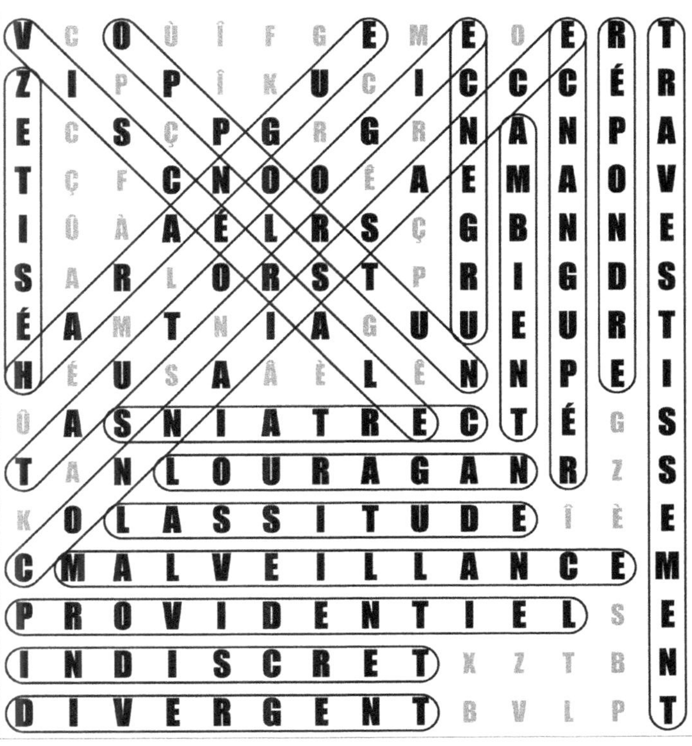

Solution for Puzzle 77

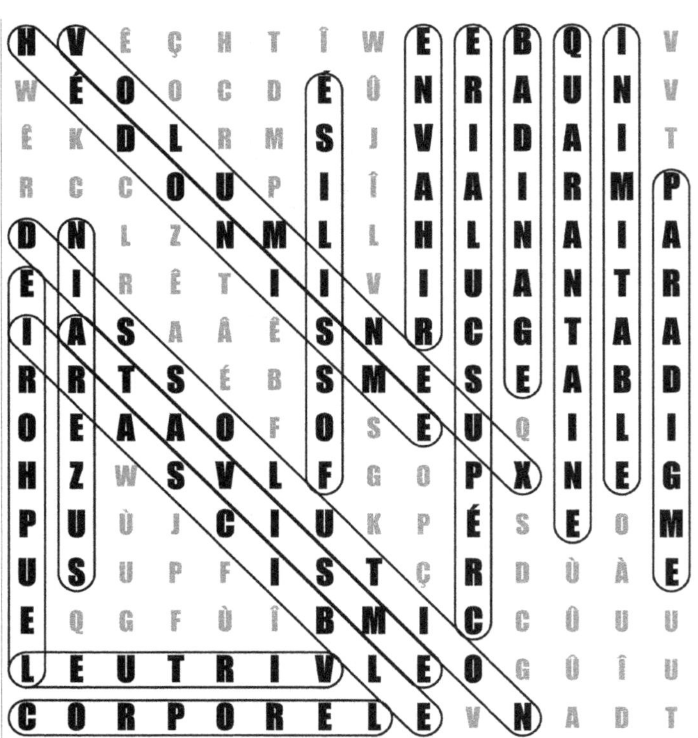

Solution for Puzzle 78

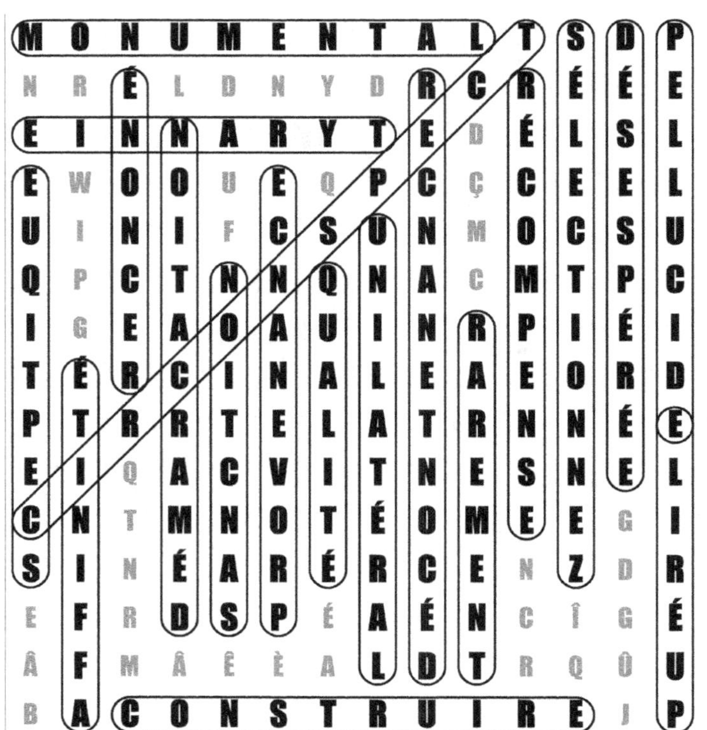

Solution for Puzzle 79

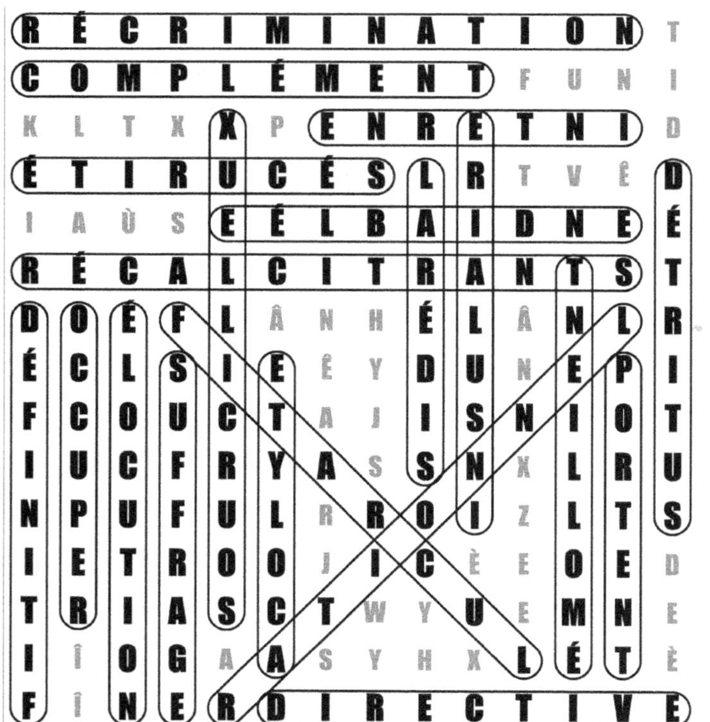

Solution for Puzzle 80

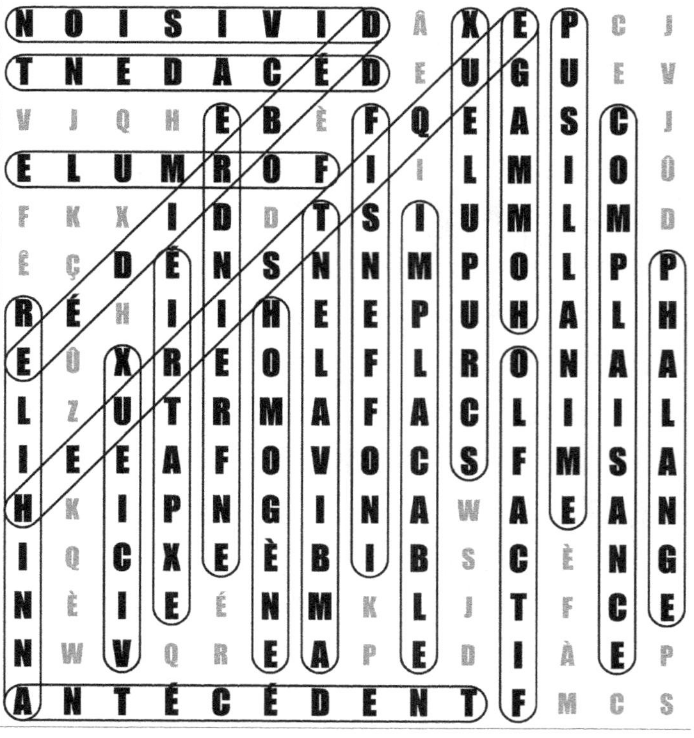

Solution for Puzzle 81

Solution for Puzzle 82

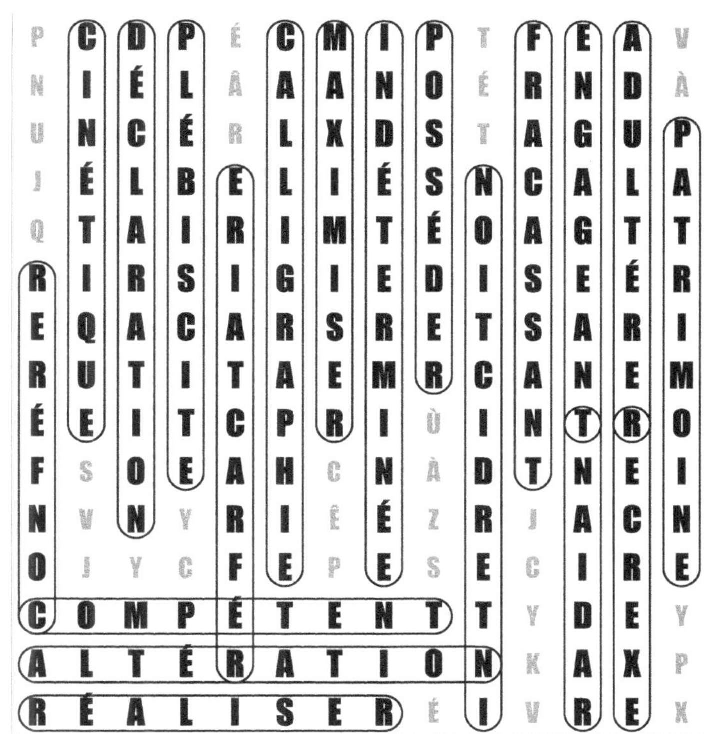

Solution for Puzzle 83

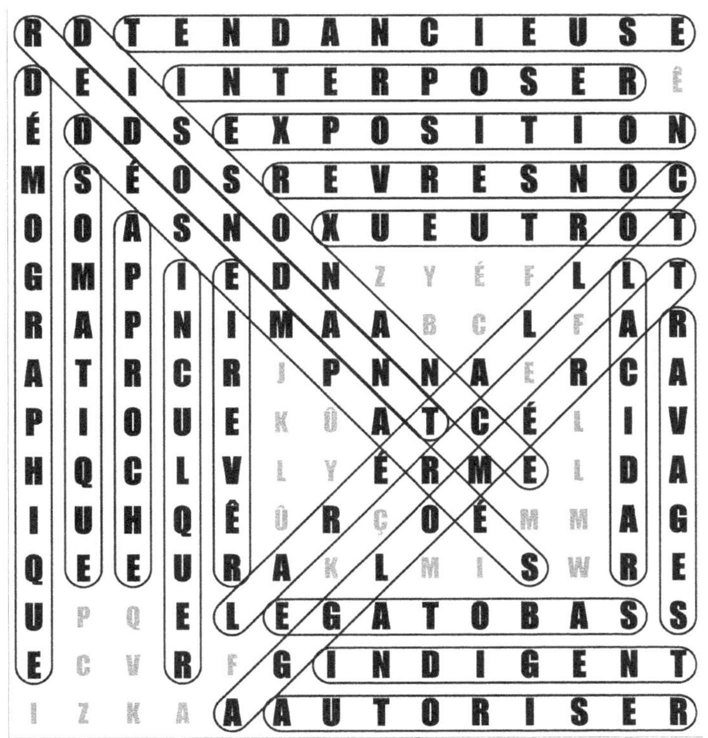

Solution for Puzzle 84

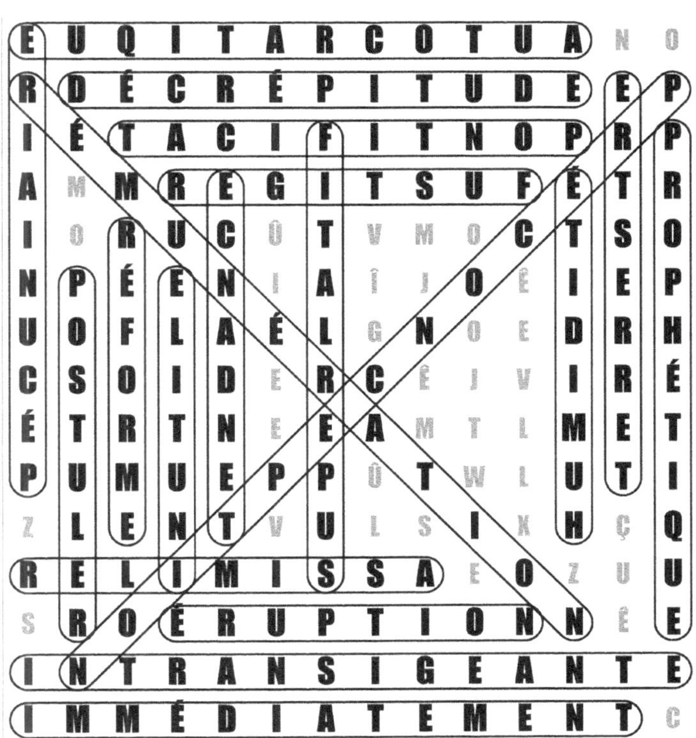

Solution for Puzzle 85

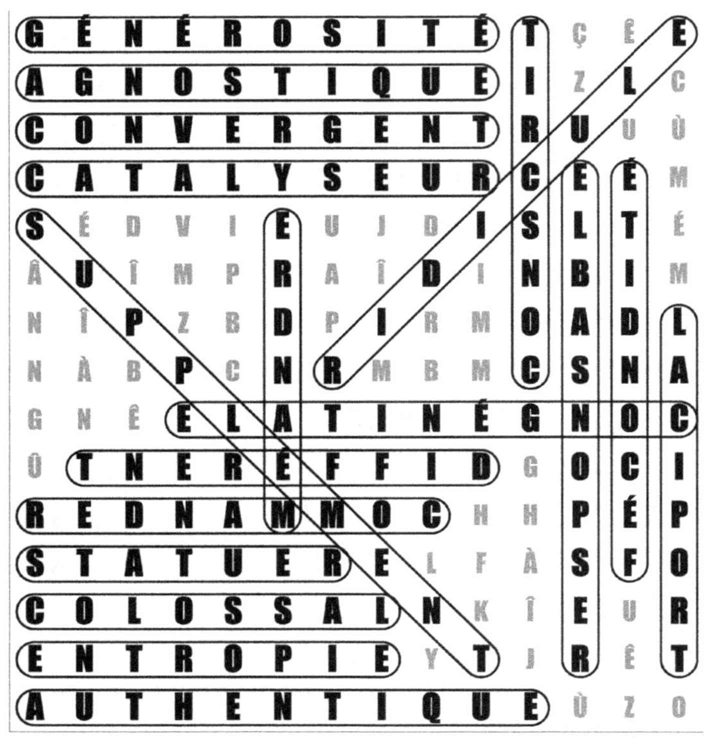

Solution for Puzzle 86

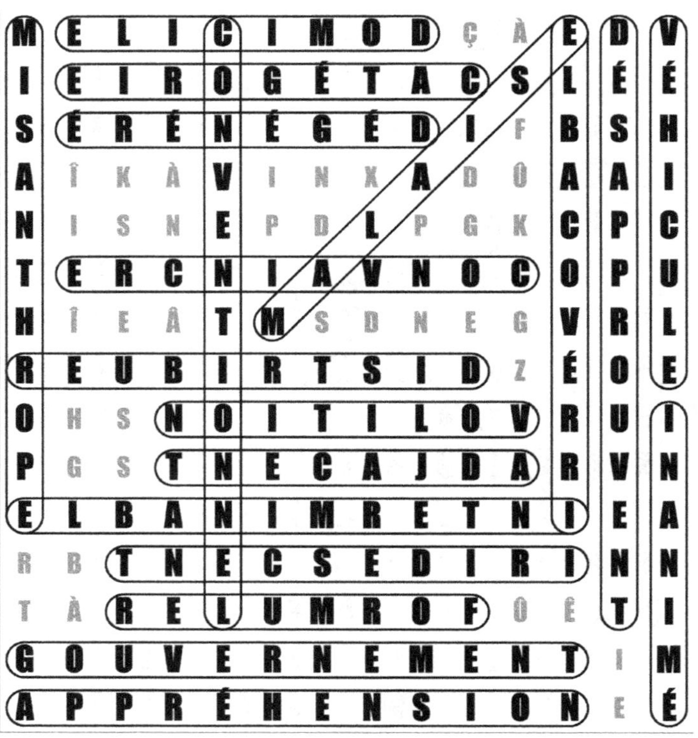

Solution for Puzzle 87

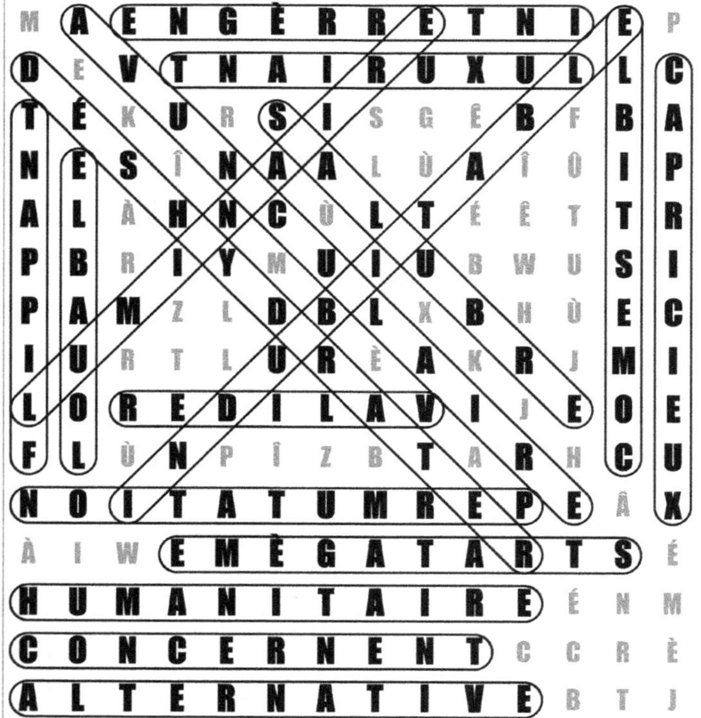

Solution for Puzzle 88

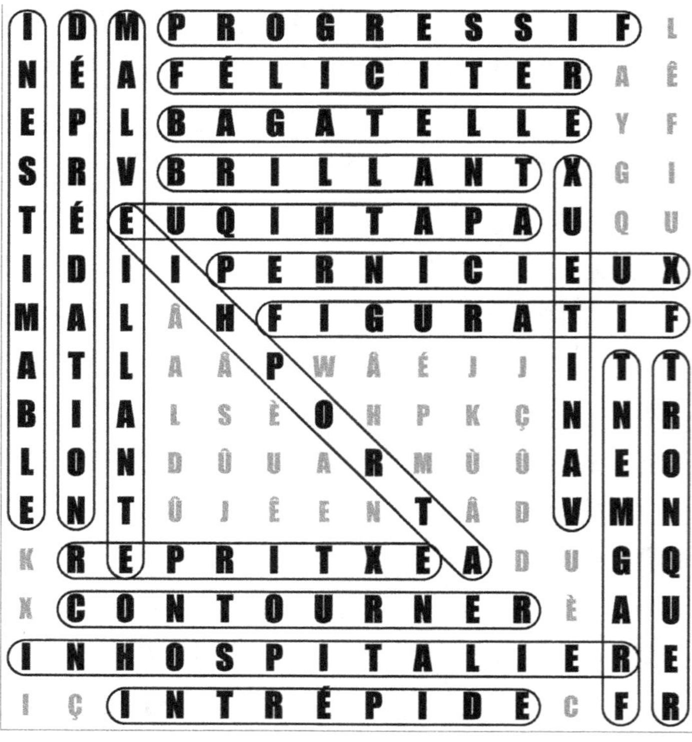

Solution for Puzzle 89

Solution for Puzzle 90

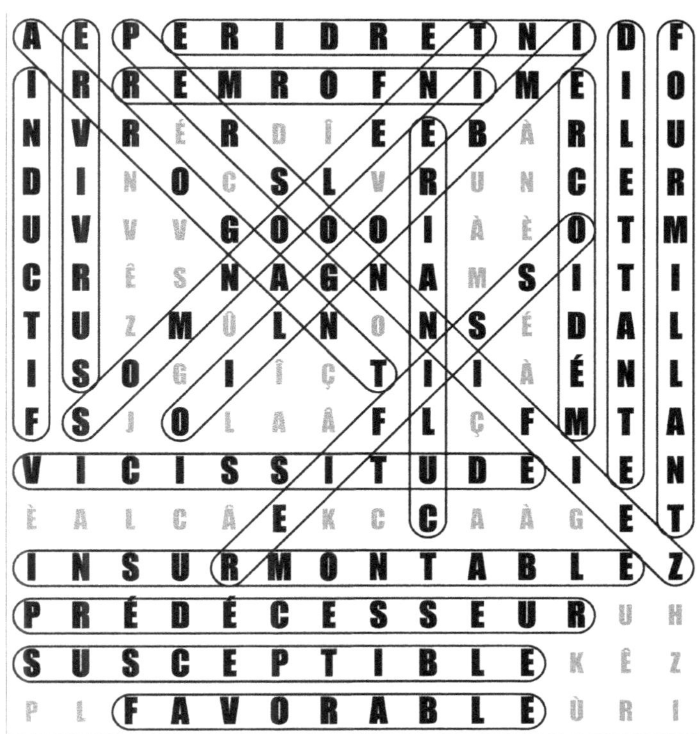

Solution for Puzzle 91

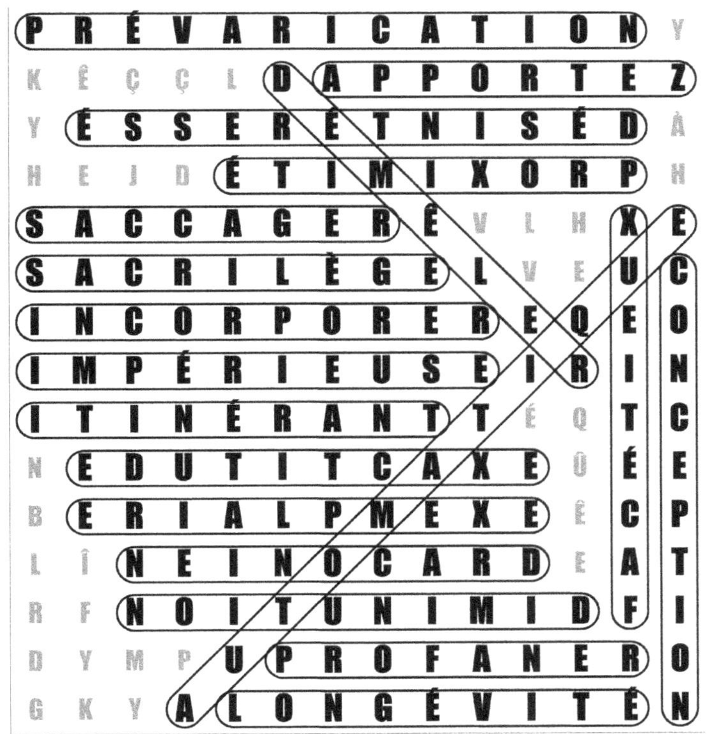

Solution for Puzzle 92

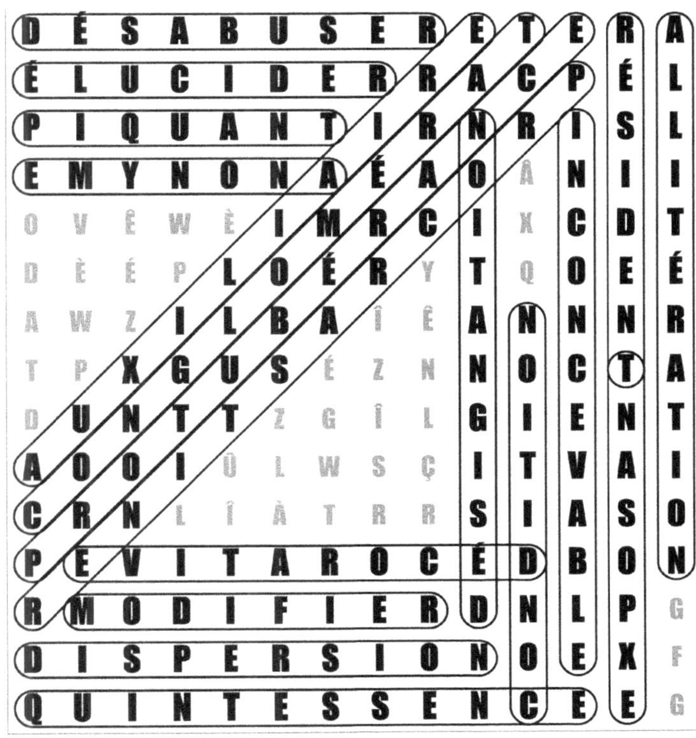

Solution for Puzzle 93

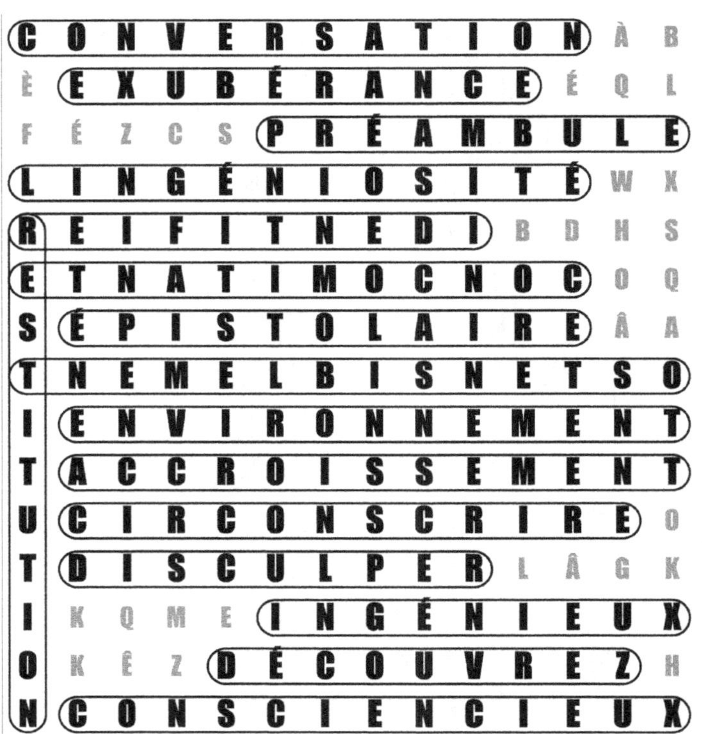

Solution for Puzzle 94

Solution for Puzzle 95

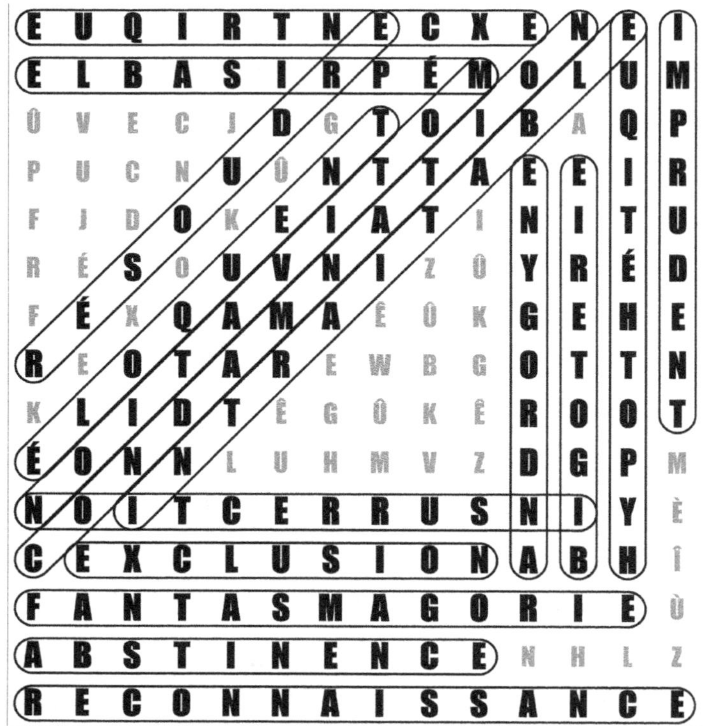

Solution for Puzzle 96

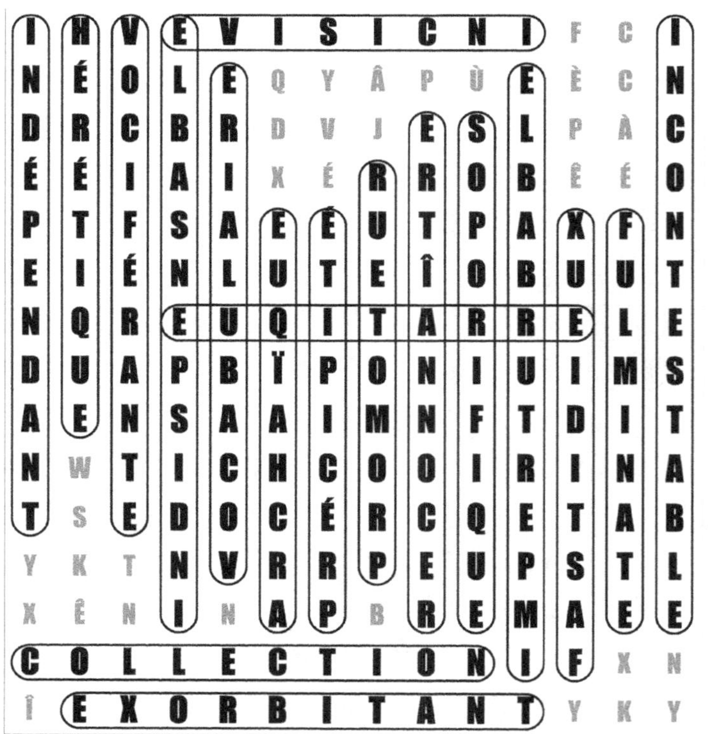

Solution for Puzzle 97

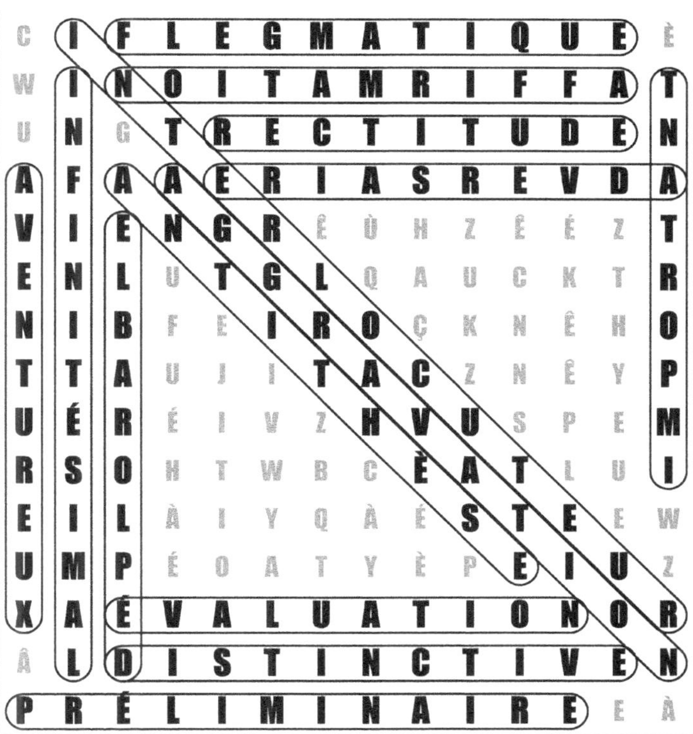

Solution for Puzzle 98

Solution for Puzzle 99

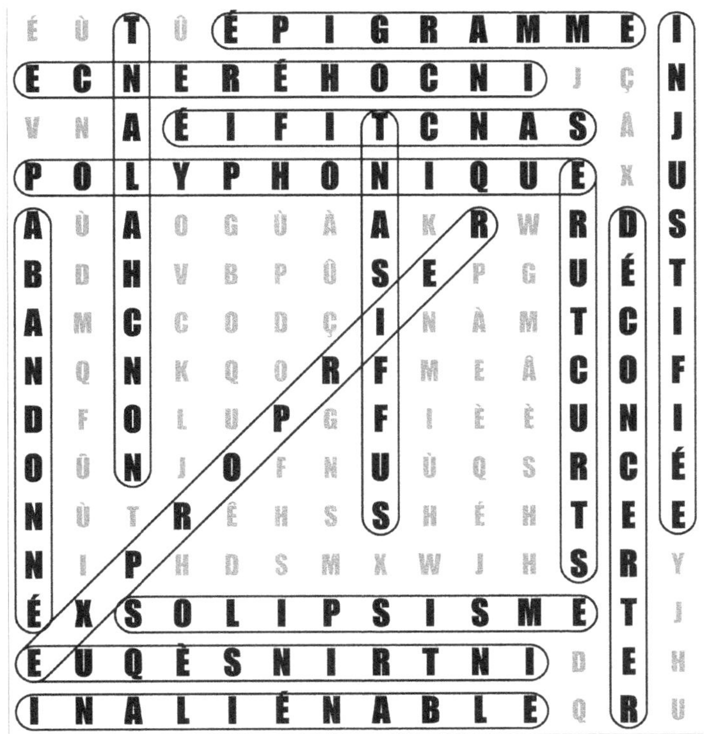

Solution for Puzzle 100

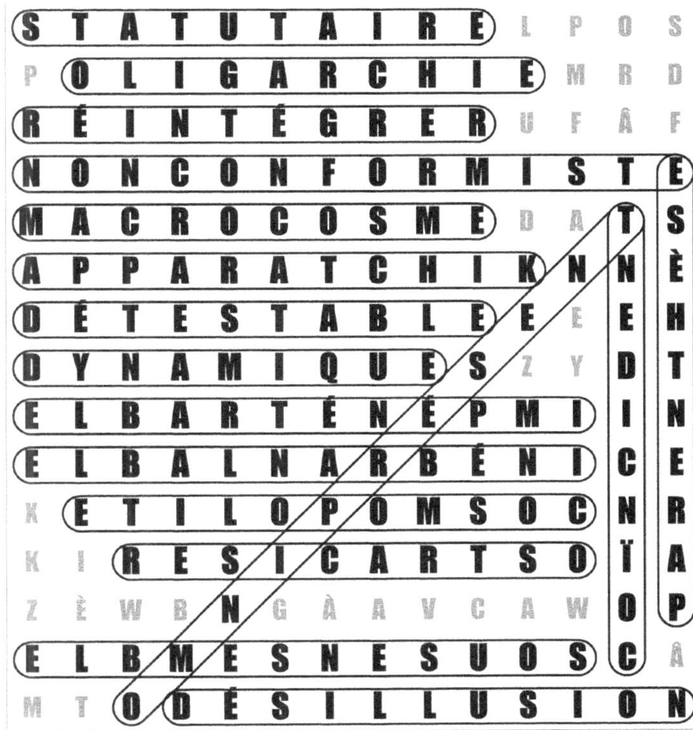

5. Answer in one word or one sentence.

   (i) Why is the family our first school?

   (ii) Mention one way of showing respect to the elders in your family.

   (iii) Mention one habit which you do not like of any member of your family.

6. Observe the pictures and answer the questions that follow.

   (i) Who is in the picture given below? What is she doing?

   (ii) How the man and the girl shown in the picture seems to be related to each other?

Think, Find and Write

1. Name a few members of your family and their relationship with you. Fill up the table with your answers.

Name of family member	Relationship

2. Match the following relations in the two columns by drawing lines.

Column I	Column II
Father	Wife
Husband	Aunt
Grandfather	Sister
Uncle	Grandmother
Brother	Mother

3. Write one good habit you have learned from each of the following elders in your family.

(i)   Your grandfather _______________________________

(ii) Your grandmother _______________________________

(iii) Your uncle _______________________________

(iv) Your aunt _______________________________

(v)   Your father/mother _______________________________

4. Find some words mentioned in the chapter in this word puzzle by outlining them.

> **Hint:** *The words are: Anwari, Brother, Cycling, Daughter, Dhobi, Drying, Family, Husband, Ironing, Laughing, Mother, Relationship, Respect, Shoes, Singing, Sister, Washing, Wife.*

D	H	O	B	I	F	A	M	I	L	Y	M
A	U	Z	R	R	E	S	P	E	C	T	O
U	S	Y	O	O	L	I	X	Q	W	V	T
G	B	T	T	N	A	S	R	S	D	S	H
H	A	C	H	I	U	T	J	H	W	I	E
T	N	Y	E	N	G	E	K	O	A	N	R
E	D	C	R	G	H	R	M	E	S	G	P
R	E	L	A	T	I	O	N	S	H	I	P
F	W	I	F	E	N	D	R	Y	I	N	G
C	B	N	X	Y	G	Z	Q	R	N	G	M
F	L	G	A	N	W	A	R	I	G	T	D

Chhotu's House

1. Select the best option.

    (i) Lata decorated her house with

        (a) *rangoli* ☐   (b) flower petals ☐

        (c) leaves ☐   (d) All of these ☐

    (ii) Chhotu stores water in a

        (a) a mug ☐   (b) a bucket ☐

        (c) a bowl ☐   (d) a drum ☐

    (iii) Chhotu lived in a

        (a) brick house ☐   (b) wooden house ☐

        (c) pipe ☐   (d) garage ☐

    (iv) How did Chhotu use the pipe?

        (a) A place to cook food ☐   (b) A place to live in ☐

        (c) A dining room ☐   (d) None of these ☐

    (v) Chhotu used the area surrounding the pipe for

        (a) cooking ☐   (b) walking his dog ☐

        (c) drinking water ☐   (d) sleeping ☐

2. Write 'T' for true and 'F' for false statements.

    (i) Mosquitoes live in our home as uninvited guests. ☐

    (ii) Chhotu and Monu sat in the pipe to have tea. ☐

    (iii) When Chhotu first came to Mumbai, he did not have a house. ☐

    (iv) Chhotu's house is divided into two parts. ☐

    (v) The decoration shown in Lata's house is on her window. ☐

3. Fill in the blanks.

    (i) Rats have poor ___________ .

    (ii) Lata's house is ___________ beautifully.

    (iii) Our homes have many kinds of ___________ guests.

    (iv) Chhotu sleeps ___________ the pipe.

4. Match the name of the animal in Column I with something about it in Column II by drawing arrows.

Column I		Column II	
(i)	Mice	(a)	Lies peacefully
(ii)	Spider	(b)	March in a row
(iii)	Lizard	(c)	Peck slowly
(iv)	Black ants	(d)	Crawls slowly
(v)	Birds	(e)	Play 'catch-catch'

5. Answer in one word or one sentence.

    (i) Why did Chhotu need a house in Mumbai?

    (ii) What sheltered Chhotu from rain when he first came to Mumbai?

    (iii) Where does Chhotu hang his clothes to dry?

    (iv) Where in our house do we usually find birds?

    (v) Name any five uninvited guests who live in our houses.

6. Who is in the picture? How did he use the pipe?

7. Circle the odd one out.

(i)	Bedroom	Stove, Bed, Almirah, Dressing table
(ii)	Drawing Room	Television, Shower, Sofa, Table
(iii)	Kitchen	Fridge, Utensils, Bucket, Gas stove
(iv)	Bathroom	Soap, Tub, Mug, Microwave

8. Identify which of the following animals in the box below will be uninvited guests in our houses and write their names below the box.

Housefly	Horse	Dog	Cat	Pigeon	Honeybee	Tortoise
Ant	Cockroach	Scorpion	Rat	Snake	Spider	Elephant
Lizard	Beetle	Mosquito	Butterfly	Sheep	Sparrow	

Think, Find and Write

1. Do animals make places to stay, just like we make houses, to protect themselves and their families? What are they protecting themselves from?

2. Into how many parts or rooms has your house been made? Write what is done in each part of the house.

Chapter 6

Foods We Eat

1. Select the best option.

(i) Chhutki in Vipul's family is not able to eat

(a) *bhutta*　　　　　　　　　　(b) *chapati*

(c) *dal*　　　　　　　　　　　(d) All of these

(ii) When Vipul's *Dadi* was the same age as Vipul is now, she could

(a) eat *chapatis*　　　　　　　(b) go to school like Vipul

(c) run quickly up a hill　　　　(d) All of these

(iii) Our food is usually made out of those things that are

(a) cheap　　　　　　　　　　(b) easily grown there

(c) packed nicely　　　　　　　(d) None of these

(iv) In Goa, Juni ate fish cooked in

(a) coconut oil　　　　　　　　(b) mustard oil

(c) sesame oil　　　　　　　　(d) groundnut oil

(v) Besides *dosa*, ___________ is made from rice.

(a) *halwa*　　　　　　　　　　(b) *chapati*

(c) *pulao*　　　　　　　　　　(d) All of these

2. Write 'T' for true and 'F' for false statements.

(i) In Hongkong, snakes which can be eaten are called Ling-hu-fen.

(ii) Thomas eats tapioca, which grows on tall trees.

(iii) Vipul's *Dadi* says that after coming to Nagpur, Vipul's mother has forgotten how to make food in their own way.

(iv) Chhutki was being fed milk by Vipul's Mami.

3. Fill in the blanks.

(i) Li chen lives in ____________ .

(ii) At home, Juni eats fish cooked in ____________ .

(iii) Thomas eats curry made using ____________ .

(iv) *Chapatis* can be made out of ____________ or ____________ .

(v) Chhutki started crying because she was ____________ .

4. Match the item in Column I with things related to it in Column II by drawing arrows.

Column I		Column II	
(i)	*Dosa*	(a)	We eat *chapati* soaked in this
(ii)	*Dal*	(b)	Chhutki's food
(iii)	*Bhutta*	(c)	Made from rice
(iv)	Milk	(d)	Eaten by Vipul

5. Answer in one word or one sentence.

(i) What does *Dadi* like to have in her *dal*?

(ii) Write the reason why Vipul's *Dadi* is not able to climb stairs quickly.

(iii) Who else in Li chen's family loves to eat snakes?

(iv) Where does Juni live?

(v) What two things does Thomas like to eat?

6. Name the persons in Vipul's family who will not be able to eat *bhutta*. Also give the reasons why they cannot do so.

Think, Find and Write

1. There are many reasons why we decide what to eat. Some are given in the textbook. Write all the reasons including the reasons given in the textbook.

2. Match the pictures of the food items shown with their names in the center box by drawing lines.

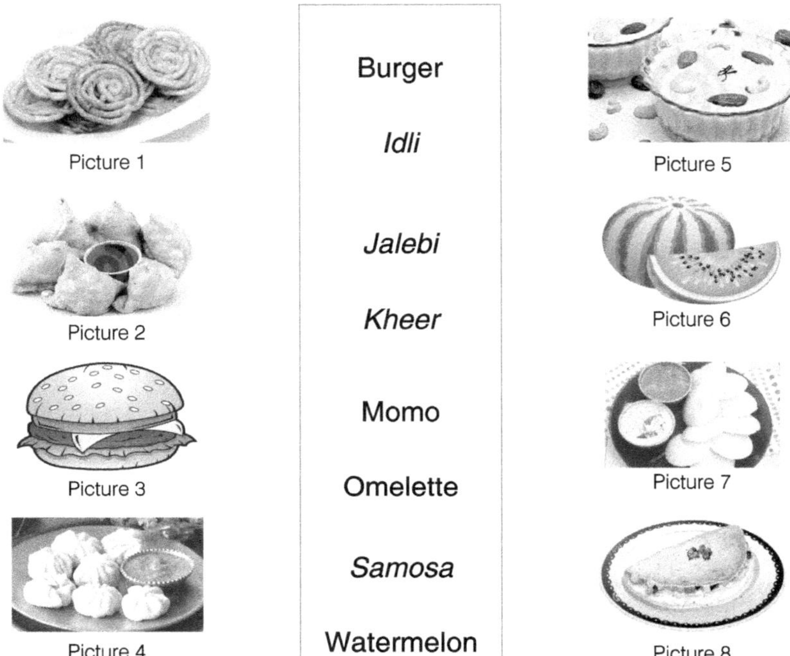

3. (i) Name some food items you do not like to eat, although your parents say that they are good for you. Give your reasons for not liking to eat them.

(ii) Name some food items that you like to eat, although your parents say that they are not good for you. Why do your parents say that they are not good for you?

Chapter 7

Saying Without Speaking

1. Select the best option.

(i) Persons who talk through actions are

    (a) deaf   (b) dumb

    (c) both deaf and dumb   (d) None of these

(ii) In ____________, the hands and face are used to convey feelings.

    (a) dancing   (b) singing

    (c) running   (d) walking

(iii) Deaf and dumb persons understand what another person is saying by

    (a) watching them   (b) listening to them

    (c) speaking to them   (d) studying their lip-movements

(iv) If a child's favourite toy has fallen down and broken, he will be

    (a) excited   (b) angry

    (c) sad   (d) afraid

(v) Deaf and dumb children are taught ____________ in schools.

    (a) body language   (b) sign language

    (c) lip language   (d) None of these

2. Write 'T' for true and 'F' for false statements.

(i) Children who are six month old express themselves by crying.

(ii) A child who is afraid of dogs will be excited on seeing a big dog.

(iii) In schools, we can learn many things from each other.

(iv) Julie's little sister was born just yesterday. She is very angry.

(v) My deaf sister will never be able to sing well because she cannot hear the tune.

3. Fill in the blanks by selecting the correct words from the box given below.

> *angry, bhavs, face, hands, hear, mudras, speak, do*

(i) Most of us can ___________ and ___________ .

(ii) All of us cannot ___________ everything well.

(iii) Small children tell a lot through their ___________ and ___________ before they learn to speak.

(iv) In dance, the feelings are conveyed through ___________ and ___________ .

(v) Yamini's mother is ___________ with her because she broke the bottle of pickle.

4. Match the name in Column I with the feeling on the person's face in Column II by drawing arrows.

Column I	Column II
(i) Aftaab	(a) Angry
(ii) Julie	(b) Afraid
(iii) Rehana	(c) Excited
(iv) Yamini's mother	(d) Sad

5. Answer in one word or one sentence.

(i) In the poem, 'I have a sister, My sister cannot hear', what does the sister like to do?

(ii) In the poem, how does her mother help her sister at home?

(iii) In the poem, what words spoken by the deaf sister are not understood by others?

(iv) In the poem, why did her sister make her take off the sunglasses when she spoke?

(v) Why are we all special in our own ways?

6. Match the pictures of faces in Column I with what they are feeling in Column II by drawing lines.

Column I	Column II
 Picture 1	Happy
 Picture 2	Excited
 Picture 3	Confused
 Picture 4	Surprised
 Picture 5	Sad
 Picture 6	Afraid

7. How do we find out whether a person is sad, excited, happy or having some other feeling, even when that person is not speaking?

8. Explain how the game 'Dumb Charades' is played.

Think, Find and Write

1. How many sense organs do we have? What are their names and where are these located on our body and what does each of them sense? Fill in the table given below with your answer. One has been done for you.

S. No.	Name of sense organ	Located where	What the organ senses
1	Eyes	On the face	Sees

2. Find out and write

(i) Why is it important for all our sense organs to work properly?

3. Find out what are dance *mudras* and *bhavs*. Explain what they mean to you in your own words below.

(i) *Mudras*

(ii) *Bhavs*

Chapter 8

Flying High

1. Select the best option.

(i) The ____________ has a pink beak and grey feathers.

(a) peacock ☐ (b) duck ☐

(c) eagle ☐ (d) pigeon ☐

(ii) The ____________ eats dead animals.

(a) crow ☐ (b) peacock ☐

(c) vulture ☐ (d) parrot ☐

(iii) The eagle has a ____________ tail.

(a) black ☐ (b) small and curled ☐

(c) long and grooved ☐ (d) yellow and upright ☐

(iv) The ____________ makes a 'Koohu-Koohu' sound.

(a) parrot ☐ (b) cuckoo ☐

(c) eagle ☐ (d) pigeon ☐

(v) The colour of the parrot's beak is

(a) red ☐ (b) green ☐

(c) yellow ☐ (d) white ☐

2. Write 'T' for true and 'F' for false statements.

(i) The feathers of birds help them to fly faster. ☐

(ii) Some birds also eat fish as part of their food. ☐

(iii) The owl sleeps at night. ☐

(iv) The mynah moves its head back and forth with a jerk. ☐

(v) The crow can copy people's voices. ☐

3. Fill in the blanks.

   (i) The woodpecker eats insects hidden in _____________ .

  (ii) The pigeon says _____________ all day.

 (iii) The _____________ dances the best of all the birds.

 (iv) The cock has a _____________ coloured crest.

  (v) The parrot has a curved _____________ .

4. Match the name of the bird in Column I with what it does in Column II by drawing arrows.

Column I	Column II
(i) Tailor bird	(a) Does 'kau-kau' throughout the day
(ii) Crow	(b) Flies very high in the sky
(iii) Parrot	(c) Uses its beak like a needle
(iv) Peacock	(d) Eats fruits and chillies
(v) Vulture	(e) Starts crying aloud before rain starts

5. Answer in one word or one sentence.

   (i) Why could the owl in the jungle not sleep during the day?

  (ii) How are different types of beaks useful for birds?

 (iii) For what other tasks are feathers useful for birds besides flying?

 (iv) What is the main source of food for the eagle?

  (v) Where do pigeons usually make their nests?

6. Match the pictures of birds with their names in the center by drawing lines.

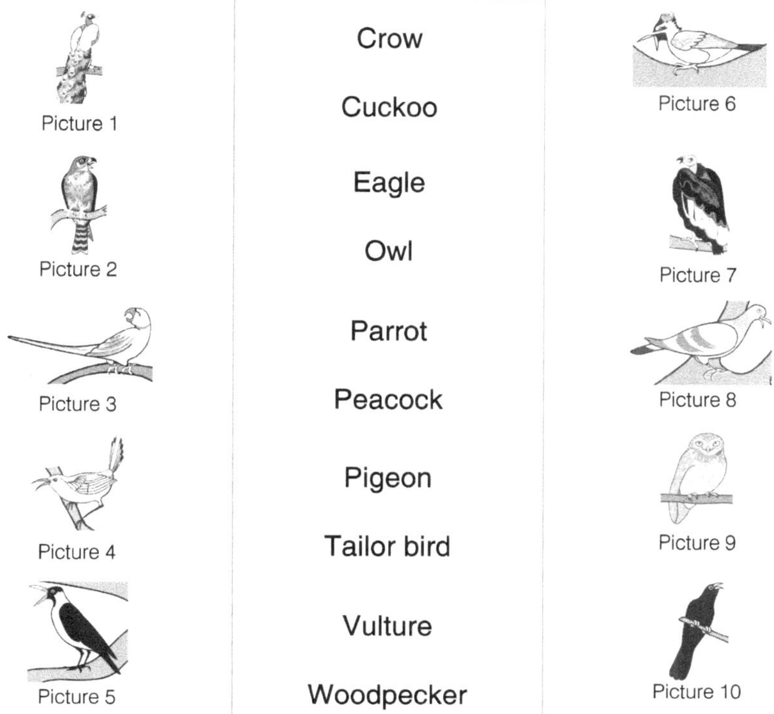

7. What parts of a bird help it to fly and how? (Hint: There are at least three parts which help it.)

Think, Find and Write

1. Find out and write three body parts which help birds to find their food and eat it. Give examples of the shape of these body parts for three different birds and explain how they help.

2. This bird is the National Bird of India. Find out and write its name and also explain why it is called as the national bird.

3. Why are some birds seen only in winters and not in summers? Find out and write why it is so and also where do they go in summers.

4. After visiting a park, garden or forested area where there are many birds, write the names of the birds you saw there which you recognised, where they were found and what they were doing, by filling in the table below.

Name of bird	Where it was found (on a tree / on the ground / flying / in water / in its nest and so on)	What it was doing (eating its food / sitting / flying / walking / feeding its babies / talking with other birds and so on)

5. Find some words mentioned in the chapter in this word puzzle by finding them from the clues given below.

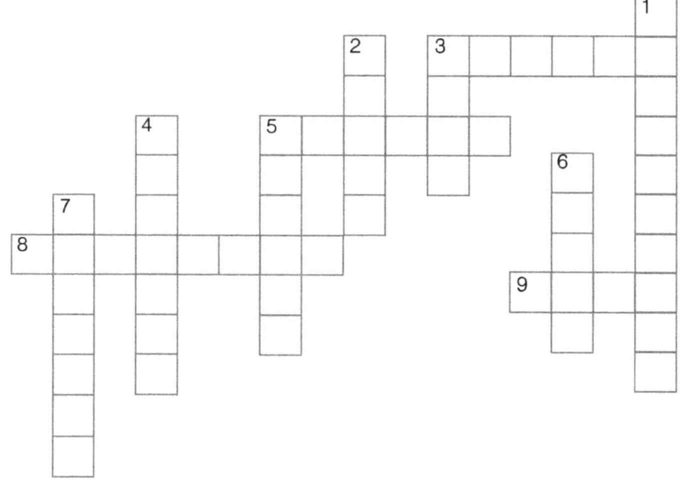

Clues

Across

3. Famous for its sweet voice
5. Makes its nest in houses
8. Birds use these for flying
9. Birds use this for biting their food

Down

1. Makes holes in trunks of trees
2. Eats rats
3. Has black feathers and black body
4. Eats dead animals
5. Eats guavas and green chillies
6. What the owl does all day
7. Has a crest on its head and dances beautifully

Chapter 9

It's Raining

1. Select the best option.

   (i) Appu drank _____________ till he was happy.

      (a) milk   (b) juice

      (c) water   (d) None of these

  (ii) In the poem 'Clouds', the clouds are described as looking like

      (a) a rainbow.   (b) two elephants.

      (c) magical people.   (d) a pair of swans.

 (iii) This poem says that the clouds sometimes stay

      (a) for weeks.   (b) for months.

      (c) for years.   (d) for days.

  (iv) From where did Appu get water in his trunk?

      (a) From a tap   (b) From the river

      (c) From the forest   (d) None of these

   (v) When hail falls on glass, it makes a sound like

      (a) a ding dong bell.   (b) knocking.

      (c) ringing chimes.   (d) None of these

2. Write 'T' for true and 'F' for false statements.

   (i) Appu likes mangoes.

  (ii) Appu poured water on the banana trees with his trunk.

 (iii) Banana trees need water to grow properly.

 (iv) We sometimes see a rainbow after it rains.

  (v) Clouds can be grey, white or black in colour.

3. Fill in the blanks.

    (i) Appu knew that the banana trees needed water because they were ____________ .

    (ii) Appu gets ____________ from the banana trees.

    (iii) Appu bathed his body by pouring water on it by using his ____________ .

    (iv) Plants need ____________ for living.

    (v) When it rains, plants get a ____________ look.

4. Match Column I with Column II to make complete sentences by drawing arrows.

Column I	Column II
(i) Appu's trunk	(a) sometimes come and go very quickly
(ii) Banana trees	(b) stores water
(iii) Clouds	(c) floats on water
(iv) Paper boat	(d) give bananas

5. Match the pictures in Column I with what they are showing in Column II by drawing lines.

Column I	Column II
Picture 1	Appu watering the banana trees
Picture 2	Appu looking at drooping banana trees
Picture 3	Appu bathing

6. Answer in one word or one sentence.

   (i) Why did Appu pour water on the banana trees?

   (ii) What happened to the banana trees when they got water?

   (iii) What promise did Appu make to the banana trees?

   (iv) From where do plants mostly get water?

   (v) Why is a rainbow wonderful?

7. What animal forms do the clouds take, as given in the poem, 'Clouds'.

8. Describe what the clouds do, as given in the poem.

Think, Find and Write

1. Find out and write how water is useful for plant and animal life.

2. Find out and write how clouds are formed. They are part of the 'water cycle'. What are the other parts of this cycle?

3. Find out and write what problems are faced by people

   (i) when it rains too much?

   (ii) when it rains too little?

Chapter 10

What is Cooking

1. Select the best option.

(i) A *chapati* is made out of

(a) rice   (b) wheat

(c) flour   (d) gram

(ii) A __________ is eaten raw (it is not cooked).

(a) *pulao*   (b) *samosa*

(c) omelette   (d) salad

(iii) __________ is a liquid cooking fuel.

(a) Coal   (b) Kerosene

(c) Gas   (d) All of these

(iv) Which of these cooking fuels is most environment-friendly?

(a) Gas   (b) Sunlight

(c) Cowdung cakes   (d) Electricity

(v) Cakes are baked in

(a) an oven   (b) a *tawa*

(c) a frying pan   (d) None of these

2. Write 'T' for true and 'F' for false statements.

(i) All food can be cooked in a pressure cooker.

(ii) All utensils are made of aluminium.

(iii) Making lemon water requires sugar.

(iv) For making *chapatis*, we must knead the dough.

3. Fill in the blanks.

   (i) The first step in making a delicious snack with *moong* seeds is _____________ the seeds overnight in water.

   (ii) A *chapati* is cooked in four stages and the first stage is taking out _____________ in a utensil.

   (iii) Onion is a vegetable which can be eaten both raw and _____________ .

   (iv) *Pooris* are made by _____________ them in a *karahi*.

   (v) _____________ are used for cooking.

4. Write the name of the fuel being used in the pictures shown below.

Pictures	Fuel being used
(i)	_____________
(ii)	_____________
(iii)	_____________
(iv)	_____________

Pictures   **Fuel being used**

(v) 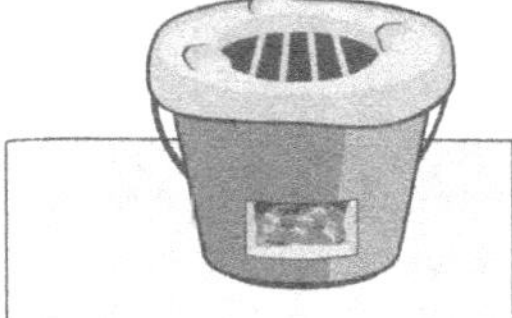

(vi) 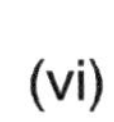

---

5. Match the method of cooking in Column I with the item that is cooked in Column II by drawing arrows.

	Column I		Column II
(i)	Baking	(a)	*Chapati*
(ii)	Boiling	(b)	*Idli*
(iii)	Frying	(c)	Bread
(iv)	Roasting	(d)	Tomato soup
(v)	Steaming	(e)	*Samosa*

6. Answer in one word or one sentence.

(i) Why do many utensils have wooden handles?

(ii) Which famous South Indian dish is cooked by steaming?

(iii) Name an electrical appliance used in the kitchen.

(iv) Which gives more smoke from the flame, a gas stove or a coal *chulha*?

(v) Name three dishes which can be cooked by boiling.

7. Just like the flowchart given in the textbook for making lemon water, flowcharts for making delicious sprouts and *chapatis* (as explained in the book) are given below with many steps missing. Fill in these blank steps.

(i) Flowchart for making sprouts

		Add sliced onions, tomatoes, salt and lemon juice	

(ii) Flowchart for making *chapatis*

Take out flour in a utensil			

Think, Find and Write

1. Names of some Indian states are given in the table below. Find out one food item unique to each state and the raw vegetable, grain or meat items required to make it. Fill in the information you have found.

Indian state	Name of food item	Items are required
Kerala		
West Bengal		
Punjab		
Gujarat		
Andhra Pradesh		
Maharashtra		

2. Besides the dishes given in the textbook which can be prepared without cooking, find out two others which do not require cooking. Also find out what items are required for making them and write your answers below.

Dish 1 Name _______________________ What is required? _______________________

Dish 2 Name _______________________ What is required? _______________________

3. Various fuels are used for cooking by people. Find out which of them are harmful for our environment and why. Write below what harm each of these fuels may cause. Among them, which is the least harmful?

____

____

4. Find some words mentioned in the chapter in this word puzzle by outlining them. These words are given in the box below.

> **Hint** _The words are : Baked,   Sequence,   Chapati,   Coal,   Cook,   Cowdung Cakes, Kitchen,   Electricity,   Utensils,   Gas,   Heat,   Dough,   Kneading,   Roasted,   Flour, Salt,   Kerosene Oil,   Balls,   Lemon Juice,   Steamed,   Raw,   Wood_

F	L	O	U	R	K	I	T	C	H	E	N
H	S	E	Q	U	E	N	C	E	R	A	W
E	L	E	C	T	R	I	C	I	T	Y	Z
A	Y	L	E	M	O	N	J	U	I	C	E
T	B	A	L	L	S	X	W	C	B	S	V
R	O	A	S	T	E	D	R	H	A	T	T
C	O	W	D	U	N	G	C	A	K	E	S
D	C	O	A	L	E	A	Q	P	E	A	A
O	W	O	O	D	O	S	P	A	D	M	L
U	T	E	N	S	I	L	S	T	M	E	T
G	C	O	O	K	L	L	K	I	J	D	H
H	K	N	E	A	D	I	N	G	D	F	G

Chapter 11

From Here to There

1. Select the best option.

(i) In the poem, 'The Train', the sound of the train is

(a) chugging ☐ (b) stop, stop, stop ☐

(c) *chhuk, chhuk, chhuk* ☐ (d) forward, backward ☐

(ii) In this poem, the train goes past

(a) village wells ☐ (b) a lush green field ☐

(c) aging farmers ☐ (d) All of these ☐

(iii) In this poem, the train moves on

(a) roads of iron ☐ (b) rails ☐

(c) meadows and hills ☐ (d) None of these ☐

(iv) The girl who went to Delhi during vacations travelled from the railway station to her uncle's house by

(a) bus ☐ (b) metro train ☐

(c) taxi ☐ (d) car ☐

(v) The boy who went to Shimla during vacations made his *Dadi* ride on __________ when she was tired.

(a) a donkey ☐ (b) a bus ☐

(c) a rickshaw ☐ (d) a horse ☐

2. Write 'T' for true and 'F' for false statements.

(i) The girl who went to Kerala during vacations used a bus or taxi to reach her *Nani's* house. ☐

(ii) The girl whose *Khala* lives close to her home always meets her by going on her bicycle. ☐

(iii) The boy who went to his *Mamaji's* village during vacations travelled from the railway station by tractor.

(iv) The metro train runs by electricity.

(v) Trucks have only four wheels.

3. Fill in the blanks.

(i) The ____________ is the most useful vehicle for village people.

(ii) The ____________ is the fastest way to travel between two big cities.

(iii) Firemen use a fire engine for ____________________ .

(iv) When you go for a school picnic in a group, you will travel in a ____________ .

(v) Many means of transport carry people as well as ____________ .

4. Match the means of transport in Column I with what fuel or animal used to drive it in Column II by drawing arrows.

Column I	Column II
(i) Motorcycle	(a) Diesel or gas
(ii) Bicycle	(b) Petrol
(iii) Metro train	(c) Human pedalling
(iv) Truck	(d) Horse
(v) Tonga	(e) Electricity

5. Answer in one word or one sentence.

(i) How many wheels does a bullock cart have?

(ii) Do all trucks have the same number of wheels?

(iii) If you want to go from a city in India to New York in USA, by what means will you travel?

(iv) Name five means of transport which are used to transport goods.

(v) If you have to go from your house to the nearby market, by what means will you travel?

6. Match the pictures of modes of transport in Column I with their names in Column II and what they are used for in Column III by drawing lines.

Column I	Column II	Column III
Picture 1	Ambulance	By handicapped persons
Picture 2	Tractor	Carrying people
Picture 3	Bus	Carrying letters and parcels
Picture 4	Hand cart	Carrying ill persons
Picture 5	Cycle	Selling fruits and vegetables
Picture 6	Postal van	For farming

Think, Find and Write

1. Study the picture given below and answer the questions that follow.

(i) Name the means of transportation shown in the picture and also write the use of each of them.

(ii) Why is the ladder being put near the burning building?

2. Travelling by air (in an aeroplane or a helicopter) is very costly. Find out and write why it is costly.

3. Some means of travelling pollute the air more than others. Find out the means which pollute more than the others and why they do so. Write the means and reasons below.

4. What means of travel are used for travelling in the hills and mountains? Find out and write them along with the advantages and disadvantages of using them (write at least three such means with two advantages and two disadvantages of each).

Chapter 12

Work We Do

1. Select the best option.

(i) The doctor and nurse work

(a) at the construction workplace ☐   (b) at the bus stand ☐

(c) in the hospital ☐   (d) at the tea shop ☐

(ii) Iqbal Singh

(a) blows his whistle. ☐

(b) keeps shouting throughout the day. ☐

(c) stands in the middle of the crossing. ☐

(d) All of the above ☐

(iii) Chinamma helps ___________ in his work.

(a) Nanu ☐   (b) Balbir ☐

(c) Ramulu ☐   (d) Iqbal Singh ☐

(iv) The teacher was going to Jaggu for

(a) buying vegetables. ☐   (b) getting her slipper repaired. ☐

(c) buying flowers. ☐   (d) None of these. ☐

(v) Deepali's father works as a

(a) vegetable seller ☐   (b) fruit seller ☐

(c) tea seller ☐   (d) None of these ☐

2. Write 'T' for true and 'F' for false statements.

(i) Balbir's brother Satvinder had come from the village. ☐

(ii) The children are running because they want to reach home quickly. ☐

(iii) The lady working in the post office buys flowers from Champa everyday. ☐

(iv) In the evening, Deepali washes the dishes at other people's homes.

(v) Deepali likes to listen to songs on the radio while she works.

3. Fill in the blanks.

(i) In the afternoon, Deepali brings _____________ back home from school.

(ii) Three years back, when Deepali's little brother was born, she had to _____________ to take care of him.

(iii) When Saramma's grandmother was a child, she helped _____________ to collect firewood, make cowdung cakes and plaster walls with cowdung.

(iv) Balbir was able to get the daily newspaper at _____________ .

(v) The construction workers will be busy the whole day because the _____________ has started again.

4. Answer in one word or one sentence.

(i) Does Deepali go to school?

____

(ii) Upto what class has Deepali studied?

____

(iii) Why does Saramma not have to do the same tasks that her grandmother did as a child?

____

(iv) What activity helps Deepali to relax?

____

(v) How did Jaggu make some money early in the morning?

____

5. Match the name in Column I with the work of the person in Column II by drawing arrows.

Column I	Column II
(i) Jaggu Bhai	(a) Sells flowers
(ii) Champa	(b) Do household work for her family
(iii) Ramulu	(c) Cuts hair and shaves
(iv) Nanu	(d) Repairs shoes and slippers
(v) Deepali	(e) Sells fruits

6. Write the occupations (work done by people) in the pictures shown below at the place given below each picture.

Occupation _______________

Occupation _______________

Occupation _______________

7. Deepali is doing many types of work at home. Fill each work she does at home into the categories shown in the table below.

Kitchen work for the family	Work relating to her brother and sisters	Work relating to herself and any other work

Think, Find and Write

1. Find out from elderly people in your family or in houses near yours what work they were doing 25 to 50 years ago, which is not being done now. Also find out what work has replaced that work now and the reason why this has happened. Fill up the table given below with this information. One has been done for you as an example.

Work being done earlier but not being done now	Work that has replaced this	Reason
1. Typing handwritten papers	Making files on computer	Easier to use

2. What work do your mother and other lady members of your family do at home? Do you think that they should be paid for it? If so, why?

3. Find out and write the names of any five buildings in your locality and the work done in each of them.

4. Find some occupations in this word puzzle by outlining them. These occupations are given in the box below.

> Barber, Blacksmith, Carpenter, Cobbler, Doctor, Driver, Electrician, Farmer, Fruit seller, Mason, Nurse, Painter, Policeman, Potter, Sweeper, Tea vendor

Z	P	Y	X	P	F	A	R	M	E	R	W
D	O	C	T	O	R	V	T	B	R	Q	P
C	T	N	S	L	U	C	D	L	M	T	A
O	T	L	W	I	I	A	R	A	K	E	I
B	E	L	E	C	T	R	I	C	I	A	N
B	R	J	E	E	S	P	V	K	M	V	T
L	H	G	P	M	E	E	E	S	A	E	E
E	F	D	E	A	L	N	R	M	S	N	R
R	C	B	R	N	L	T	Z	I	O	D	Y
X	N	U	R	S	E	E	W	T	N	O	V
B	A	R	B	E	R	R	T	H	R	R	Q

Chapter 13

Sharing Our Feelings

1. Select the best option.

(i) Ravi *bhaiya* recognises my family members by ___________ as we move.

(a) our voices ☐   (b) our clothes ☐

(c) the colour of our clothes ☐   (d) the sound we make ☐

(ii) Blind people read books in Braille script by

(a) touching and feeling ☐   (b) hearing and smelling ☐

(c) seeing and hearing ☐   (d) None of these ☐

2. Write 'T' for true and 'F' for false statements.

(i) In Braille script, a row of raised dots are made on a thick paper. ☐

(ii) Ravi *bhaiya* made Seema his hockey coach when he came to know that I was in the team. ☐

(iii) Ravi *bhaiya* teaches in a secondary school. ☐

(iv) Louis Braille belonged to France. ☐

(v) Ravi *bhaiya* likes listening to music and taking part in plays. ☐

3. Fill in the blanks.

(i) Everyday in the morning, papa reads the newspaper aloud to ___________ .

(ii) ___________ is a very loving brother.

(iii) Ravi *bhaiya* has a good sense of humour because he makes us ___________ .

(iv) Louis Braille lost his eyesight because a ___________ hurt his eyes.

(v) The Braille script is based on ___________ points.

4. Match the name in Column I with what that person does in Column II by drawing arrows.

	Column I		Column II
(i)	Seema	(a)	enjoys listening to Seema's news
(ii)	*Nani*	(b)	is called *bhabhi* by Ravi *bhaiya*
(iii)	Ravi *bhaiya*	(c)	reads the newspaper aloud to *nani*
(iv)	Papa	(d)	cannot hear and see properly
(v)	Mother	(e)	sometimes changes the place where Ravi *bhaiya* has kept his stick

5. Answer in one word or one sentence.

(i) When we are blindfolded, how can we recognise others?

(ii) Who first thought of Braille books?

(iii) What feeling does Ravi *bhaiya* express when someone tries to help him when he does not want it?

(iv) Why do some of Ravi *bhaiya's* students take books from him?

(v) What problems of old age does *nani* have?

6. In how many ways can we help Ravi *bhaiya* and other blind people in their daily lives? Some ways are mentioned in the chapter also. Read it and then write them, besides writing your own ideas.

7. Explain how the game of blindfold is played, as given in the chapter.

Think, Find and Write

1. Find out and write

(i) Why do blind people carry a white stick when moving out of their homes?

(ii) Why do blind people wear sunglasses all the time?

2. Match the pictures in Column I with what they describe in Column II by drawing lines.

Column I	Column II
 Picture 1	Blind people crossing a road
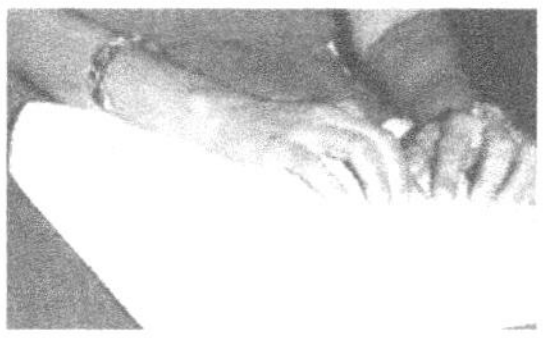 Picture 2	Women at a rally
 Picture 3	A woman reading a story in Braille
 Picture 4	Ravi *bhaiya* reading a book in Braille
 Picture 5	Two blind women pose for the camera
 Picture 6	Answering the phone

3. The Braille alphabet shows each letter in the English alphabet as a particular combination of up to six dots (or raised points for blind people to read), as given in the picture below.

The Braille Alphabet

a b c d e f g h i j
k l m n o p q r s t
u v w x y z

Draw the dots for each of the following words in the boxes, with one box showing one letter. In part (v) you have to show the dots for a blind person to know your name. Add more boxes if your name is longer.

(i) Seema ☐☐☐☐☐

(ii) Ravi ☐☐☐☐

(iii) Sharing ☐☐☐☐☐☐☐

(iv) Feelings ☐☐☐☐☐☐☐☐

(v) My name ☐☐☐☐☐☐☐☐ ☐☐☐☐☐☐☐☐

4. Find some words mentioned in the chapter in this word puzzle by outlining them. These words are given in the box below.

Seema, Bhaiya Bhabhi, Braille, France, Newspaper, Loving, Plays, News, Touch, See, Relationship, Teacher, Blind, Sandpaper, Humour, Stick, Nani, Back pains, Vegetables, Ravi bhaiya

T	E	A	C	H	E	R	Z	Y	X	T	W
V	N	E	W	S	P	A	P	E	R	O	B
H	U	M	O	U	R	V	S	I	T	U	R
B	A	C	K	P	A	I	N	S	R	C	A
B	H	A	I	Y	A	B	H	A	B	H	I
L	O	V	I	N	G	H	Q	P	S	N	L
I	V	E	G	E	T	A	B	L	E	S	L
N	E	W	S	S	T	I	C	K	E	M	E
D	L	K	P	L	A	Y	S	N	A	N	I
J	S	A	N	D	P	A	P	E	R	G	F
R	E	L	A	T	I	O	N	S	H	I	P
F	R	A	N	C	E	D	S	E	E	M	A

The Story of Food

1. Select the best option.

(i) We get most of the food from

(a) plants

(b) animals

(c) Both 'a' and 'b'

(d) None of these

(ii) Spinach is obtained from the _____________ of a plant.

(a) fruits

(b) flowers

(c) roots

(d) leaves

(iii) Who helps Venu's mother in the household work?

(a) Venu

(b) Venu's father

(c) Both 'a' and 'b'

(d) None of these

(iv) A banana is obtained from the _____________ of a plant.

(a) fruits

(b) flowers

(c) roots

(d) leaves

(v) Both milk and meat are obtained from

(a) plants

(b) animals

(c) Both 'a' and 'b'

(d) None of these

2. Write 'T' for true and 'F' for false statements.

(i) Both Rani's and Venu's mothers cook the food in their homes.

(ii) Banana is a medicinal plant.

(iii) Rani's family members eat food together.

(iv) The ginger we use in our food is got from the fruit of the plant.

(v) Tomatoes are the fruits of a plant.

3. Fill in the blanks.

   (i) We get sugar from ____________.

  (ii) We eat the ____________ of a cabbage plant.

 (iii) ____________ provide us many herbal medicines.

 (iv) Lemons are the ____________ of a plant.

  (v) ____________ leaves are good for our teeth and gums.

4. Match the name of food item in Column I with its description in Column II by drawing arrows.

Column I		Column II	
(i)	Honey	(a)	Medicinal plant
(ii)	Potato	(b)	Root of the plant
(iii)	*Ajwain*	(c)	Obtained from animal
(iv)	Eggs	(d)	Fruit of the paddy plant
(v)	Rice	(e)	Obtained from bees

5. Answer in one word or one sentence.

   (i) Who eats at the last in Venu's family?

  (ii) What part of its plant is the jackfruit?

 (iii) Name the part of the plant which we eat in cauliflower.

 (iv) Name five foods which we get from animals.

6. What differences do you observe between Rani's family and Venu's family? Write the differences in all the household work being done in these families. This can be understood by seeing the pictures shown in the textbook.

7. Arrange the following activities required for a family to eat a meal and prepare for the next meal by putting the number 1 against the first activity and 6 against the last activity.

Activity	Number
Eating food	....
Washing utensils	....
Getting raw food items from market	....
Cooking the food items	....
Filling / Bringing water	....
Cleaning the place where the family will eat	....

8. Match the pictures of Venu's and Rani's families in Column I with what is happening in them in Column II by drawing lines.

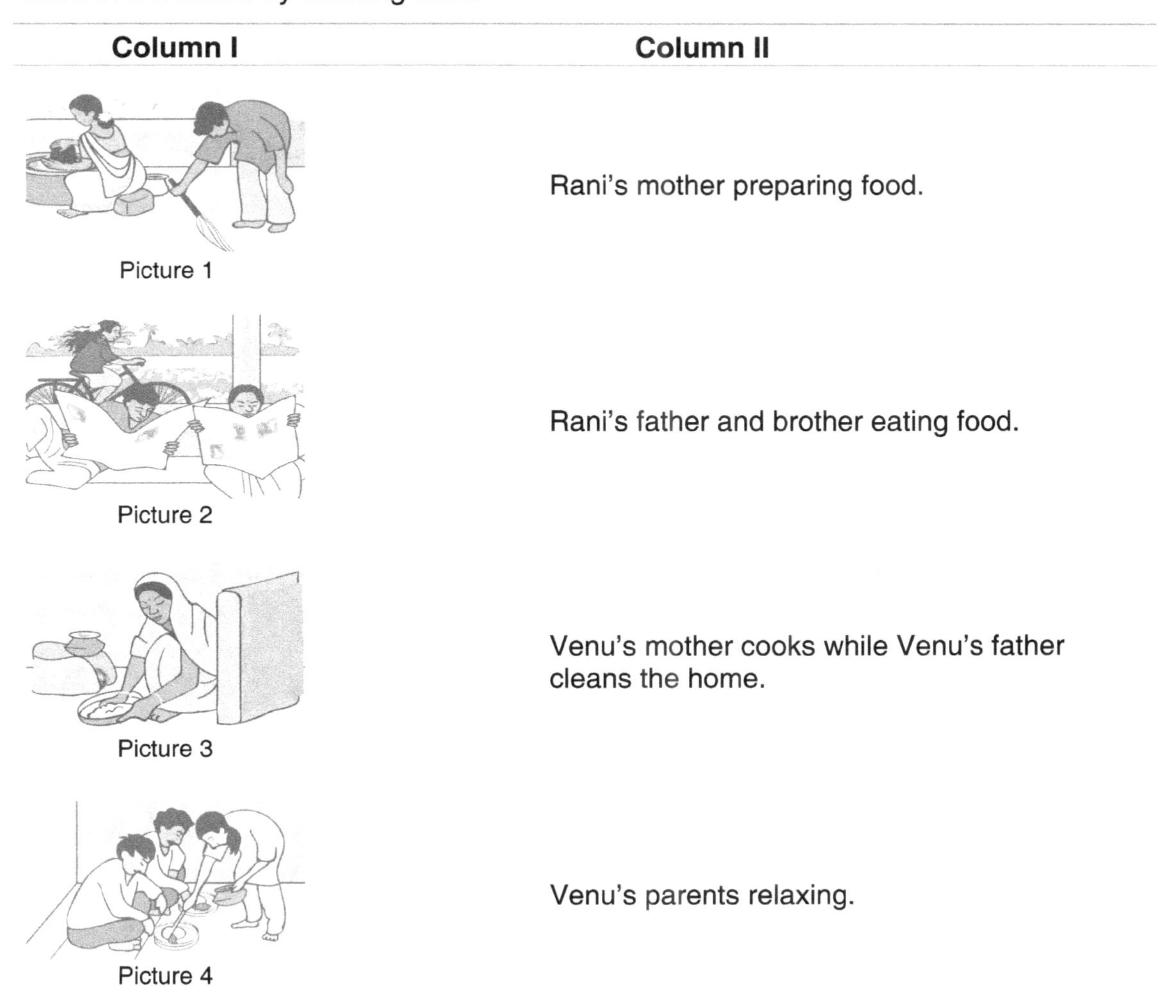

Column I	Column II
Picture 1	Rani's mother preparing food.
Picture 2	Rani's father and brother eating food.
Picture 3	Venu's mother cooks while Venu's father cleans the home.
Picture 4	Venu's parents relaxing.

Think, Find and Write

1. Observe the picture given below and answer the questions related to it.

   (i) What household activity is the person doing?

   (ii) Why is the method of doing this activity not good for the water being used?

2. Observe the three pictures given below and answer the questions related to them given below the pictures. If you do not know the answer to the (ii) question, ask your elders and write it.

Picture 1

Picture 2

Picture 3

   (i) What are all the persons doing?

   (ii) Which of these activities should be done first, which second and which last, if they are done in the same home? Why?

3. Identify the activity being done in the three pictures given below and write it below each picture.

Picture 1

Picture 2

Picture 3

4. We get many food items from various parts of plants like fruits, seeds, leaves, roots, stems, flowers and so on. Find out and write the parts of the plants in which the following food items are found.

Food item	Part of plant in which found	Food item	Part of plant in which found
Banana		Spinach	
Carrot		Tea	
Coffee		Tomato	
Onion		Turmeric	
Rice		Wheat	

5. Find some words mentioned in the chapter in this word puzzle by outlining them. These words are given in the box below.

> *Carrot, Cauliflower, Cook, Egg, Fish, Jackfruit, Honey, Gram, Onion, Household, Neem, Meat, Medicine, Coriander, Garlic, Mango, Stomach ache, Venu, Rani, Turnip, Tooth ache, Salt*

M	A	N	G	O	J	T	U	R	N	I	P
E	C	O	R	I	A	N	D	E	R	Z	V
D	Y	X	A	W	C	S	T	V	T	R	E
I	Q	P	M	F	K	A	O	N	I	O	N
C	A	U	L	I	F	L	O	W	E	R	U
I	N	M	L	S	R	T	T	M	E	A	T
N	E	E	M	H	U	K	H	O	N	E	Y
E	J	R	A	N	I	G	A	R	L	I	C
C	A	R	R	O	T	H	C	O	O	K	G
F	S	T	O	M	A	C	H	A	C	H	E
E	G	G	H	O	U	S	E	H	O	L	D

Chapter 15

Making Pots

1. Select the best option.

(i) The sparrow in the story is named

(a) Phudwali   (b) Bhanate

(c) Phudgudi   (d) None of these

(ii) The clay-pit wanted a ___________ to dig the soil.

(a) pot   (b) spade

(c) trowel   (d) None of these

(iii) Bhanate wanted to ___________ Phudgudi's egg.

(a) break   (b) eat

(c) swallow   (d) steal

(iv) A potter needs ___________ to make a pot properly.

(a) clay from a clay-pit   (b) water

(c) a potter's wheel   (d) All of these

(v) Clay pots are made ___________ by baking them in a fire.

(a) stronger   (b) softer

(c) longer   (d) None of these

2. Write 'T' for true and 'F' for false statements.

(i) In earlier times, people used to make pots using iron.

(ii) A potter uses a mould for shaping the pot being made.

(iii) Phudgudi wanted Bhanate to wash his beak with water before eating her egg.

(iv) The river asked Phudgudi to get a pot to fill water.

(v) The blacksmith wanted Bhanate to return the trowel after using it.

3. Fill in the blanks.

    (i) Pots are completed by being _____________ in a kiln or fire.

   (ii) To make a bowl from clay, we first _____________ to make a big ball.

 (iii) A pot can be made from a *chapati* of _____________ .

  (iv) _____________ laid one egg.

   (v) Phudgudi and Bhanate were good _____________ .

4. Match the names in Column I with what they wanted in the story in Column II by drawing arrows.

Column I	Column II
(i) Phudgudi	(a) Return the trowel after use
(ii) Bhanate	(b) Get a pot
(iii) Blacksmith	(c) Eat the egg
(iv) River	(d) Give him some clay
(v) Potter	(e) Save the egg

5. Answer in one word or one sentence.

    (i) Why could Bhanate not eat Phudgudi's egg even though he had washed his beak?

   (ii) Who was cleverer, Phudgudi or Bhanate? Why?

 (iii) Why did Bhanate want to wash his beak?

  (iv) Why did Bhanate ask the blacksmith for a trowel?

   (v) Name all those who helped Bhanate in his work.

6. Match the pictures of making a bowl from a roll of clay in Column I with what is being done in each picture in Column II by drawing lines.

Column I	Column II
Picture 1	Fix the clay snake to the base using clay to bind them.
Picture 2	Rotate the snake on the base to complete the pot.
Picture 3	Roll some clay like a thick *chapati* to form the base.
Picture 4	Knead some clay with water.
Picture 5	Roll some clay like a snake.

7. See the picture given below and answer the questions.

(i) What is the potter's assistant doing?

____

(ii) Can the pot be made without what she is doing?

____

(iii) What balls are lying on the left side of the picture?

____

Think, Find and Write

1. The first and last steps in making a pot are given in the table below. Fill in the remaining steps.

Step No.	What is done in the step
1	Dig clay from a clay-pit.
2	
3	
4	
5	
6	Decorate the pot with colours.

2. (i) In the picture shown here, what is being made?

   (ii) Is there any further work to be done before the item is ready for use? If so, what is to be done?

3. Find out and write why the dough of clay used for making a pot requires to be shaped on a potter's wheel. What does the potter do to make the pot perfectly round?

Chapter 16

Games We Play

1. Select the best option.

  (i) Avantika explained to Nandita how to play

    (a) marker   (b) *gilli danda*

    (c) marbles   (d) *stappoo*

  (ii) Their *Chachi's* ___________ team was best among ten villages.

    (a) wrestling   (b) football

    (c) *kho kho*   (d) *kabaddi*

  (iii) Their *Chacha* forgot his meals while

    (a) playing cricket.   (b) flying kites.

    (c) watching a football match.   (d) playing chess.

  (iv) What did the children play when it started raining?

    (a) Carrom   (b) Ludo

    (c) House house   (d) All of these

  (v) What game was the children's *Bua* playing?

    (a) Chess   (b) Snakes and Ladders

    (c) Cards   (d) None of these

2. Write 'T' for true and 'F' for false statements.

  (i) In chess, each side has a king and queen.

  (ii) Collecting stamps is something you do in your spare time.

  (iii) The game of badminton should always be played outdoors.

  (iv) The game of wrestling requires a court to play.

  (v) The game of hop-scotch requires a ball.

3. Fill in the blanks by selecting the words from the box given below.

> *doll, hop-scotch, out, snakes and ladders, TV*

(i) Nandita was not able to play the game of ______________ properly.

(ii) In hop-scotch, if your feet touches any line, you are ______________ of the game.

(iii) *Chachi* played so many games because she did not watch ______________ .

(iv) Rajat wanted to play with a ______________ .

(v) The game in which you can land on a snake is ______________ .

4. Match the name of the game in Column I with something about it in Column II by drawing arrows.

Column I		Column II	
(i)	*Gilli danda*	(a)	Sticks are used to hit a ball
(ii)	Football	(b)	Has a court with eight boxes
(iii)	*Stappoo*	(c)	Traditional Indian game
(iv)	Hockey	(d)	Uses a ball to hit stones
(v)	Seven tiles	(e)	Needs a big field to play

5. Answer in one word or one sentence.

(i) Which games did *Chachi* play in her childhood?

(ii) What is the first thing you have to do when playing hop-scotch?

(iii) What did *Chachi* use for making the doll?

(iv) Did Rajat get to play with a doll?

(v) Name the games *Chacha* played in his childhood.

6. Match the pictures in Column I with the names of the games being played in Column II by drawing lines.

Column I	Column II
Picture 1	Ludo
Picture 2	Carrom
Picture 3	Hop-scotch
Picture 4	Chess

Think, Find and Write

1. In their spare time, some people do not play games but are active doing some activities which interests them. Write name of the activities depicted in the following pictures.

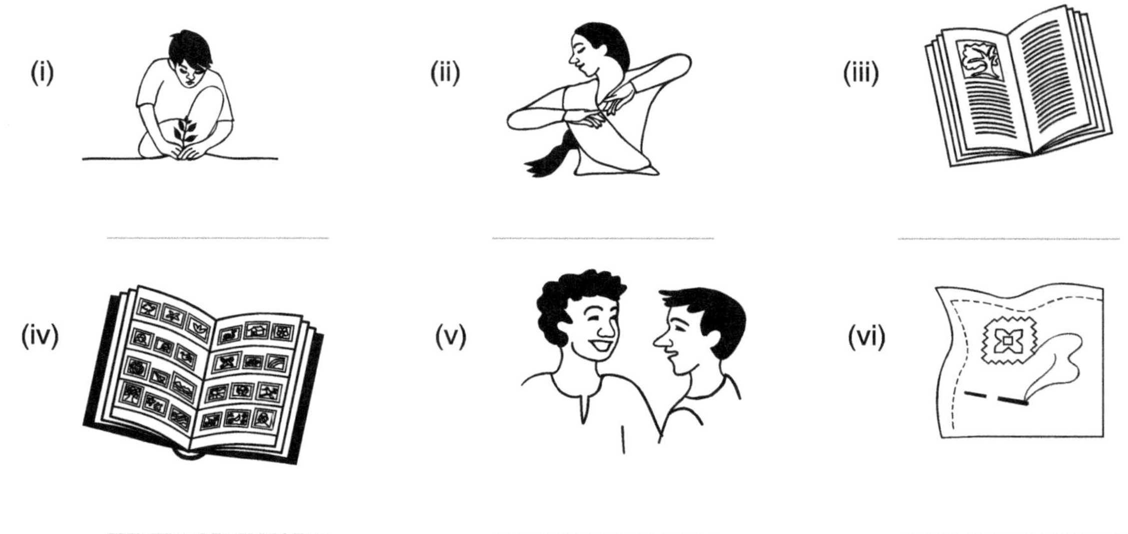

2. Which games are shown below in the pictures? Find out and write the name below each picture.

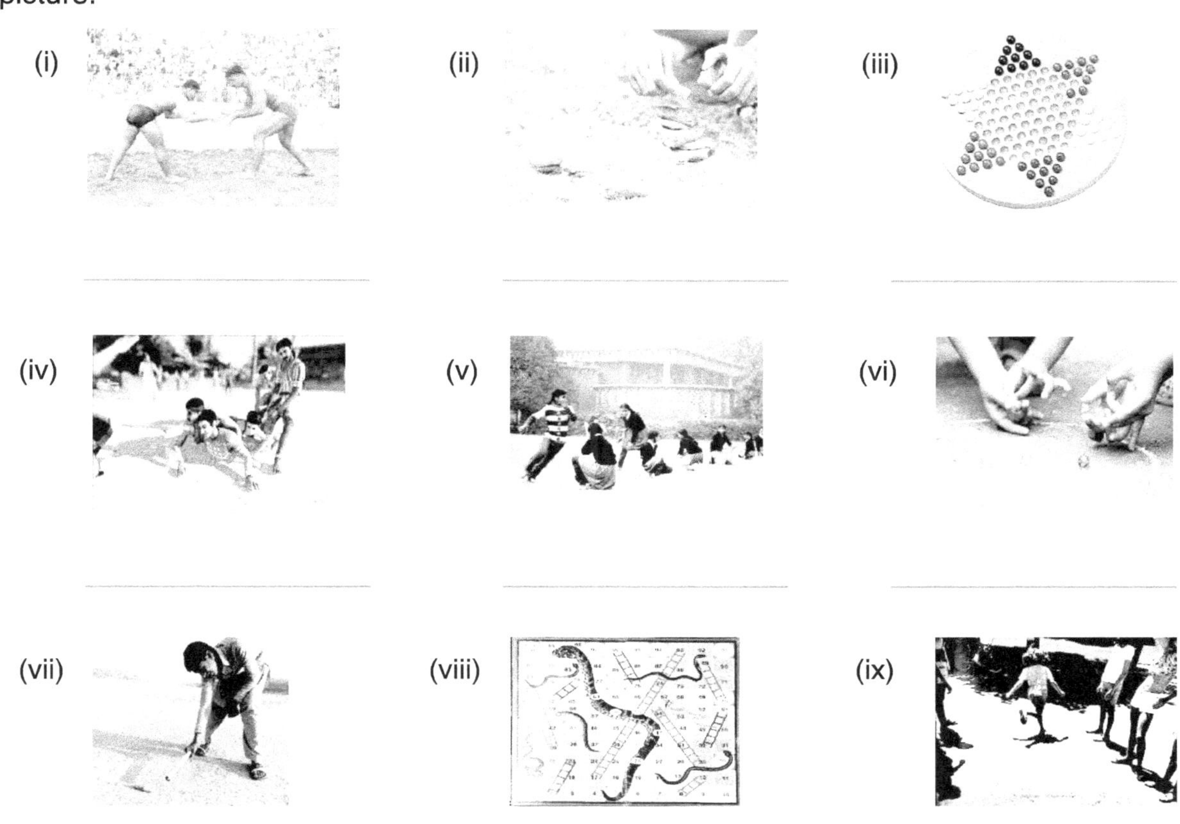

(i)   (ii)   (iii)

(iv)   (v)   (vi)

(vii)   (viii)   (ix)

3. Find out and write how many players from one side are required to play at one time in each of the games given below.

Games	Number of players
Basketball	
Table Tennis	
Volleyball	
Kabaddi	
Kho-kho	
Snakes and Ladders	

Chapter 17

Here Comes a Letter

1. Select the best option.

   (i) A letter is written with

      (a) pen

      (b) paper

      (c) Both 'a' and 'b'

      (d) None of these

   (ii) A letter bears the stamp of the place

      (a) from where it starts.

      (b) where it is delivered.

      (c) Both 'a' and 'b'

      (d) None of these

   (iii) The colour of the postal van carrying letters is

      (a) red

      (b) white

      (c) black

      (d) any colour

   (iv) Letters are delivered to our homes by a

      (a) messenger

      (b) helper

      (c) postman

      (d) Any of these

   (v) Instead of writing a letter, we can also use a _____________ to talk to the person whom we want to tell something.

      (a) TV

      (b) telephone

      (c) motorcycle

      (d) None of these

2. Write 'T' for true and 'F' for false statements.

   (i) Ahmed lives in Agartala.

   (ii) Reena's letter started in Agartala.

   (iii) Reena's letter travelled by postal van and train.

   (iv) Reena's letter reached Ahmed because she had written Ahmed's correct address on it.

   (v) Razia wrote a letter to her *nani*.

3. Fill in the blanks.

   (i) Letters are put in a ______________ for being sent.

   (ii) All letters have ______________ on them to indicate how much they cost to send.

   (iii) Letters are taken by ______________ over long distances.

   (iv) Letters are taken by ______________ over short distances.

   (v) We can make our own telephone using thread and ______________ or ______________ .

4. Answer in one word or one sentence.

   (i) Who wrote the letter to whom?

   (ii) Why did Razia's *Aapaa* give money to the shopkeeper after calling her *nani*?

   (iii) Why did Razia want to write a letter to her *nani*?

   (iv) Why does a postal employee stamp a letter?

   (v) How many days did Reena's letter take to reach Ahmed?

5. Match the names in Column I with something about them in Column II by drawing arrows.

	Column I		Column II
(i)	Reena	(a)	used for talking over long distances
(ii)	Ahmed	(b)	delivers letters to homes
(iii)	Telephone	(c)	lives in Agartala
(iv)	Postman	(d)	sorts letters for distribution by postman
(v)	Postal employee	(e)	lives in New Delhi

6. Razia wanted to write a letter to her *nani*, but changed her mind after talking to her *Aapaa*. What made her change her mind?

Think, Find and Write

1. See Reena's letter to Ahmed shown here. Find out and write the answers to the questions given.

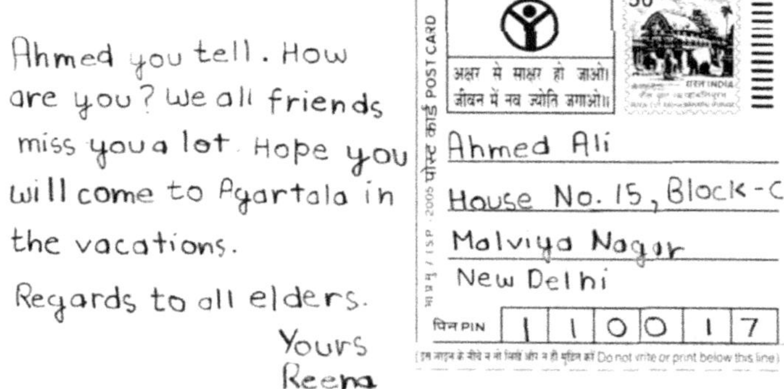

(i) What is the picture in the top right with '50' written on it? What is its meaning?

(ii) At bottom right 'PIN' is shown as a six digit number written by Reena. What does 'PIN' mean? How does the number help in distribution of letters?

2. Observe the picture of a telephone given below and answer the questions related to it.

(i) Some numbers on the telephone are shown at bottom right. What is their use?

(ii) A screen is showing some information on the top right of the instrument. What is its use?

(iii) If you want to dial a number outside your state but within India, how many digits will you have to dial?

3. Observe the picture given below. Why are the three letter boxes coloured differently (they are blue, green and red from left to right). What does each colour indicate?

4. Carefully observe the stamps shown below. Find out and write one line about each; like when they were printed, what are they showing or what day they are celebrating and so on.

5. Find out and write what the symbols given below mean.

6. Find some words mentioned in the chapter in this word puzzle by outlining them. These words are given in the box below.

> Agartala, Matchboxes, Bag, Distribute, Ice-cream cups, Letter box, Ahmed, Station, Postman, Post office, Name, Sequence, Scissors, Stamps, Razia, Stretched, Postal van, Telephones, Letter, Reena

Z	M	P	O	S	T	O	F	F	I	C	E
N	A	M	E	S	E	Q	U	E	N	C	E
D	T	L	S	T	L	E	T	T	E	R	Y
I	C	E	C	R	E	A	M	C	U	P	S
S	H	T	I	E	P	G	R	R	A	O	T
T	B	T	S	T	H	A	E	A	H	S	A
R	O	E	S	C	O	R	E	Z	M	T	T
I	X	R	O	H	N	T	N	I	E	A	I
B	E	B	R	E	E	A	A	A	D	L	O
U	S	O	S	D	S	L	W	V	T	V	N
T	R	Q	P	S	T	A	M	P	S	A	N
E	B	A	G	P	O	S	T	M	A	N	M

Chapter 18

A House Like This!

1. Select the best option.

(i) Houses in hilly areas are made of

(a) stone or wood ☐   (b) bamboo ☐

(c) ice ☐   (d) None of these ☐

(ii) Caravans are

(a) multi-storey houses. ☐   (b) permanent houses. ☐

(c) movable houses. ☐   (d) bungalows. ☐

(iii) It rains heavily all over this state.

(a) Jharkhand ☐   (b) Madhya Pradesh ☐

(c) Maharashtra ☐   (d) Assam ☐

(iv) The villagers of Rajasthan lived in ___________ in earlier days.

(a) multi-storey houses ☐   (b) tents ☐

(c) caravans ☐   (d) houses made of mud ☐

(v) Igloos are made of

(a) bricks ☐   (b) snow ☐

(c) mud and straw ☐   (d) wood ☐

2. Write 'T' for true and 'F' for false statements.

(i) Kuchcha houses are very strong. ☐

(ii) Early man lived in caves. ☐

(iii) Assam is a state with scarcity of rains. ☐

(iv) A house protects us from rain and wind. ☐

(v) Birds live in houses made by humans. ☐

3. Fill in the blanks by selecting the correct words from the box given below.

| caravan | houseboats | permanent | stilt | weather |

(i) We can see many ______________ on the Dal Lake in Kashmir.

(ii) A ______________ is a house on wheels.

(iii) A house made from bricks, stones and cement is called a ______________ house.

(iv) The roof of a house depends upon the ______________ conditions of that area.

(v) ______________ houses are found in Assam.

4. Each group of words contains one word that doesn't belong to the group. Write the odd one out in the space given at the end of each line.

(i) Cement, Plumb line, Trowel, Dustbin, Clay ______________

(ii) Rain, River, Water, Air, Snow ______________

(iii) Electrician, Painter, Doctor, Carpenter, Mason ______________

(iv) Igloo, Caravan, Flat, Car, Hut ______________

(v) Trees, Sheds, Flats, Ice, Burrows ______________

5. Answer in one word or one sentence.

(i) Where can multi-storey buildings be found?

(ii) Shikaras can be found in which state of India?

(iii) What is a house standing on wooden planks called?

(iv) Why do many people in Delhi live in slums?

(v) Why are houses in hills built with sloping roofs?

6. Match the pictures of houses in Column I with their names in Column II by drawing lines.

Column I	Column II

Picture 1

Multi-storey building

Picture 2

Igloo

Picture 3

Caravan

Picture 4

Hut

Picture 5

House in the hills

Think, Find and Write

1. A clean and well decorated house is liked by all. Which kind of house would you like to live in? Fill in the details in the following.

    (i) Name four things which will be used to keep the house clean.

    (ii) Who all will help to keep your house clean?

    (iii) Give three reasons why you want the house to be clean and well decorated.

2. Imagine you are getting your own house constructed.

    (i) What will be the

        (a) materials used for construction of your house?

        (b) materials used in decoration of your house?

    (ii) Wood will be used in my house for making :

3. Find out and write why we see multi-storey buildings and flats in cities and towns, but not in villages.

4. Find out and write how people go up to the higher floors in multi-storey buildings. Is there more than one method? If so, describe both the methods.

5. Find out and write how (i) a houseboat and (ii) a caravan are different from normal houses in cities.

6. Write the work of the people mentioned in the picture given below who help us in the construction of our house.

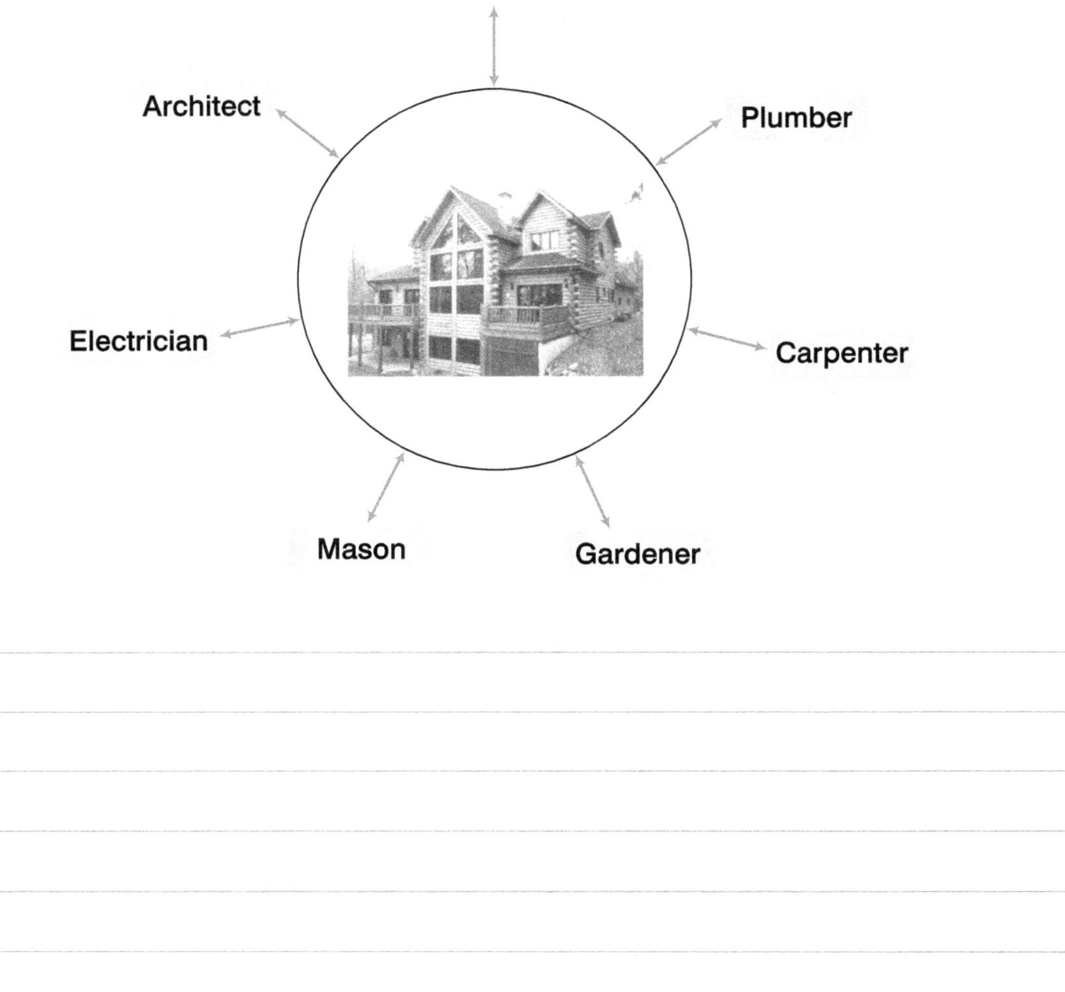

Our Friends - Animals

1. Select the best option.

   (i) Birds reproduce by

      (a) giving birth to babies.   ☐   (b) laying eggs.   ☐

      (c) by dividing their bodies.   ☐   (d) None of these   ☐

   (ii) __________ suck nectar from flowers.

      (a) Cats   ☐   (b) Earthworms   ☐

      (c) Squirrels   ☐   (d) Butterflies   ☐

  (iii) By which body part do elephants eat and drink?

      (a) Teeth   ☐   (b) Hands   ☐

      (c) Trunk   ☐   (d) Nose   ☐

  (iv) Which bird has a red colour beak?

      (a) Sparrow   ☐   (b) Eagle   ☐

      (c) Parrot   ☐   (d) Crow   ☐

   (v) Birds build nests to

      (a) socialise   ☐   (b) lay eggs   ☐

      (c) rear their babies   ☐   (d) Both 'b' and 'c'   ☐

2. Write 'T' for true and 'F' for false statements.

   (i) A goat can eat grass, *chapatis* and vegetables.   ☐

   (ii) A bird bath can be made by hanging a small earthen pot from a tree.   ☐

  (iii) Malini gave water to the injured bird to drink.   ☐

  (iv) The birds in the Queen's garden ate the insects, so she did not lose many mangoes.   ☐

3. Fill in the blanks with the correct name of the following birds by selecting them from the box.

| Chicken | Duck | Kiwi | Pigeon | Sparrow |

(i) _______________ is a bird that cannot fly.

(ii) The _______________ is a water bird.

(iii) _______________ is a bird that flies over short distances.

(iv) _______________ is a bird that flies at low heights.

(v) _______________ is a bird that flies over great distances.

4. Match the pictures in Column I with what is being done in each picture in Column II by drawing lines.

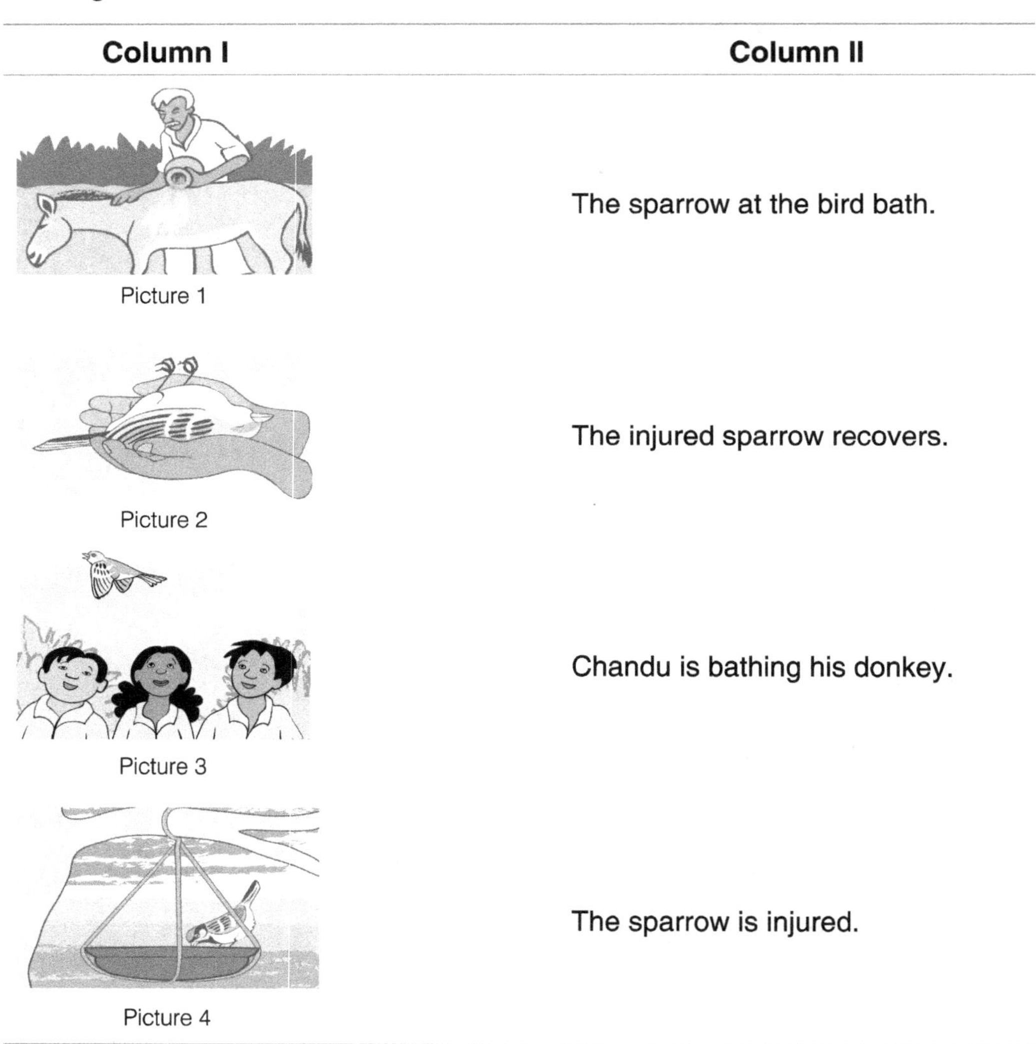

Column I	**Column II**
Picture 1	The sparrow at the bird bath.
Picture 2	The injured sparrow recovers.
Picture 3	Chandu is bathing his donkey.
Picture 4	The sparrow is injured.

5. Match the name of the animals in Column I by the food eaten by them in Column II.

Column I		Column II	
(i)	Sparrow	(a)	Fruits and nuts
(ii)	Eagle	(b)	Insects
(iii)	Duck	(c)	Snakes
(iv)	Parrot	(d)	Grains and seeds
(v)	Woodpecker	(e)	Water plants

6. Name two animals who do each of the following.

(i) Carry loads

(ii) Produce milk for people to drink

(iii) Are kept as pets

(iv) Work for the farmer

(v) Produce eggs

7. Why do animals move from one place to another?

8. Raju had a pet dog named Dora. Dora was not well. What should Raju do?

Think, Find and Write

1. Write 'H' for animals that are herbivores (they eat only plants), 'C' for animals that are carnivores (they eat other animals) and 'O' for animals that are omnivores (they eat both plants and animals) beside each animal name given below

(i) Bear   (ii) Tiger

(iii) Horse   (iv) Lion

(v) Dog   (vi) Elephant

(vii) Crow   (viii) Giraffe

(ix) Cow   (x) Man

2. Write the names of the plants and animals in the **'Food Chains'** given below.

(i)

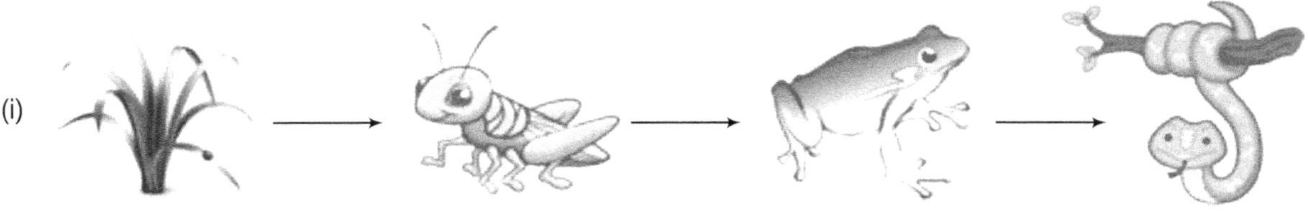

__________   __________   __________   __________

(ii)

__________   __________   __________

(iii)

__________   __________   __________

3. Find out and write the names of animals given below.

  (i) The biggest mammal __________

 (ii) The tallest animal __________

(iii) One of the loudest shouting mammals __________

 (iv) Fastest land animal __________

 (v) Smallest bird __________

4. Fill the words mentioned in the chapter in this word puzzle by finding them from the clues given below. The number of letters in the word are given in brackets after the clue.

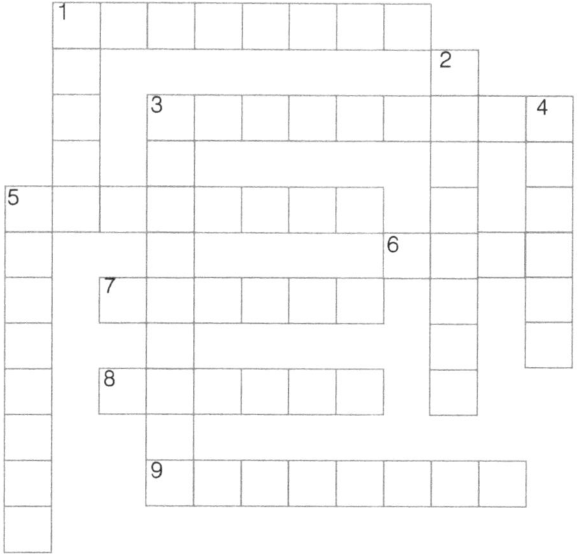

Clues

Across

1.   Bholi started _____________ when the scooter hit her. (8)

3.   Where Shankar's cat had given birth to kittens. (9)

5.   The injured bird was _____________ above the children in the classroom next day. (8)

6.   What the injured bird used for drinking water. (4)

7.   Dog is man's best _____________ (6)

8.   This girl had taken the cat's lost kitten. (6)

9.   We keep this animal because it gives us honey. (5, 3)

Down

1.   Name of Meenu's cow. (5)

2.   Person who looks after your garden. (8)

3.   Small crawling animal found in many homes. (9)

4.   He helps Chandu in his work. (6)

5.   What the cat was doing to its kittens while crying. (8)

Chapter 20

Drop by Drop

1. Select the best option.

(i) All around in Bajju village, we see

(a) water   (b) sand

(c) grass   (d) forests

(ii) This year it _____________ in Bajju village.

(a) rained slightly   (b) rained heavily

(c) did not rain at all   (d) None of these

(iii) Members of Madho's family get _____________ when they walk on the hot sand.

(a) blisters   (b) thirsty

(c) enjoyment   (d) pain

(iv) Sonal in Bhavnagar fills water in

(a) her mug.   (b) her bowl.

(c) her bucket.   (d) None of these

(v) Rainwater is collected by some people in Bajju village

(a) from the water train.   (b) using their camel carts.

(c) in earthen pots.   (d) by making *tankas*.

2. Write 'T' for true and 'F' for false statements.

(i) Water should not be running from the tap while we are brushing our teeth.

(ii) After washing vegetables with it, we can use this water for bathing.

(iii) Two bowls of water can fill a whole bucket.

(iv) We should not waste water because it is precious.

(v) Madho's wife fetches water for his family.

3. Fill in the blanks.

(i) *Tankas* are covered with _______________ .

(ii) Water collected in a *tanka* is used for _______________ after it is cleaned.

(iii) Madho's family uses _______________ of water every day.

(iv) Madho's father goes in his camel cart to collect water from the _______________ .

(v) In Bhavnagar, water is supplied to Sonal's house for only _______________ every day.

4. What are the women doing in the picture given aside? Why?

5. What good work is being shown in these two pictures? How does it help us to save water?

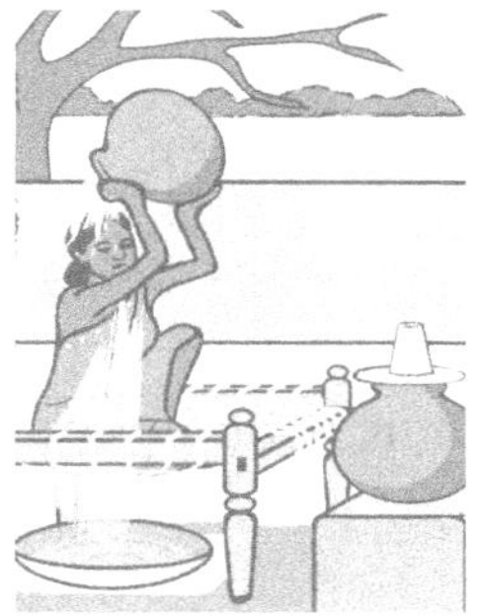

6. Match the words in Column I with information related to that Column II by drawing arrows.

	Column I		Column II
(i)	Madho's mother	(a)	has a camel cart
(ii)	Bajju	(b)	lives in Bhavnagar
(iii)	Sonal	(c)	village is in Rajasthan
(iv)	Madho's father	(d)	collects water for the family

7. Answer in one word or one sentence.

   (i) People living in Rajasthan face shortage of water in which season?

  (ii) What do you mean by water scarcity?

 (iii) Why is rain water mostly used for drinking?

 (iv) Can water used for washing vegetables be used in the toilet afterwards?

  (v) Why do we feel shortage of water?

8. Describe how a *tanka* is made and how it gets rainwater for storing. A picture is given to guide you.

Think, Find and Write

1. List all the purposes you know for which water is used by you, your family and any other uses. Fill up the columns in the table below with this information. In each column, one use has been given to guide you.

Water is used by you	Water is used by your family	Other uses
Brushing teeth	Washing the floor of the house	Watering plants in the park

2. Water is being wasted in the two pictures shown below. In each case, explain what should be done so that water is not wasted.

____

____

3. We want to find out how many drops of water will fill a bucket. Find this out using the information given below to calculate it.

10 drops fill a spoon. 50 spoons fill a bowl. 10 bowls will fill a mug. 20 mugs will fill a bucket.

____

____

4. Find some words mentioned in the chapter in this word puzzle by outlining them. These words are given in the box below.

Bajju, Dirt, Rain, Bucket, Drinking, Tap, Distance, Camel cart, Leaks, Madho, Pipe, Water, Summer, Rajasthan, Lid, Sieve, Water Scarcity, Sonal, Tanka, Sand, Train, Village, Pond, Pit, Can, Bhavnagar, Sister

M	B	U	C	K	E	T	Z	S	L	L	R	S
A	H	S	A	N	D	A	V	U	E	I	A	O
D	A	D	C	Y	I	N	I	M	A	D	J	N
H	V	I	A	X	R	K	L	M	K	D	A	A
O	N	S	M	T	T	A	L	E	S	R	S	L
W	A	T	E	R	S	C	A	R	C	I	T	Y
B	G	A	L	A	I	P	G	W	K	N	H	T
A	A	N	C	I	S	I	E	V	E	K	A	A
J	R	C	A	N	T	T	T	R	A	I	N	P
J	Q	E	R	M	E	P	O	N	D	N	N	G
U	W	A	T	E	R	P	I	P	E	G	P	N

Chapter 21

Families can be Different

1. Select the best option.

(i) Tanya's family has ____________ members.

(a) three   (b) four

(c) five   (d) None of these

(ii) Krishna and Kaveri live with

(a) their father   (b) their mother

(c) their parents   (d) their grandfather

(iii) Habib's *abbu* enjoys

(a) playing with the grandchildren   (b) playing cards

(c) watching television with others   (d) All of these

(iv) What does Sitamma's mother do before dinner?

(a) She returns from office   (b) She teaches the children

(c) She cooks the dinner   (d) She washes the dishes

(v) Totaram does not stay with his

(a) mother   (b) *dada* and *dadi*

(c) *chachi*   (d) All of these

2. Write 'T' for true and 'F' for false statements.

(i) Sitamma helps Gitamma get ready for school.

(ii) Both Sara and Habib are working.

(iii) When Tara returns from school, her mother looks after her.

(iv) Nagarajan, Samar and Tanya belong to one family.

(v) Sitamma's *taiji* lives with her.

3. Fill in the blanks.

   (i) Kaveri's father works at his ___________ everyday.

  (ii) Habib's *abbu* plays cards with ___________ .

 (iii) Totaram has come to Mumbai for ___________ .

 (iv) During vacations, Kaveri goes to stay with ___________ .

  (v) Tanya is Samar's ___________ .

4. Match the name of the person in Column I with another person of that family in Column II by drawing arrows.

Column I		Column II	
(i)	Nagarajan	(a)	*Tauji*
(ii)	Tara	(b)	*Chacha*
(iii)	Gitamma	(c)	Kaveri
(iv)	Totaram	(d)	Gurleen
(v)	Krishna	(e)	Meenakshi

5. Answer in one word or one sentence.

  (i) Who has adopted Tara?

 (ii) In Totaram's family in Mumbai, who cooks the food?

(iii) What is the relationship between Gurleen and Nagarajan?

(iv) Where is the food for Sitamma's family cooked?

 (v) During vacations, what does Tara's family do?

6. What do Sara and Habib's family do on holidays?

7. Match the pictures in Column I with the names or descriptions in Column II by drawing lines.

Column I	Column II
 Picture 1	Habib's family
 Picture 2	Kaveri
 Picture 3	Samar's family
 Picture 4	Totaram
 Picture 5	Tara's family
 Picture 6	Sitamma

Think, Find and Write

1. Name eleven members of Sitamma's family who live together. Are there any other members of the family living with them who are not named?

2. Find out and write how the families of Tara and that of Kaveri are different from the family of Tanya.

3. Find out and write the probable reason why Kaveri's mother does not stay with them. There may be more than one reason.

4. Write how you will play the 'Tell How Many' game in your class. Also decide the number to be called the first time if you want the children to form groups so that at least two children are left out.

5. Just like Sitamma's family tree shown in your textbook, draw the family tree of Totaram, showing both his family in Mumbai and the family in their village together in one tree.

6. In each of the pictures given below, a family is shown. Answer the questions related to each family. If you do not know, ask the elders in your family.

   (i) (a) What is the relation between the three family members shown?

(b) Why is the child sitting on the woman's back?

(ii) (a) What is the relation between the four family members shown?

(b) Why are all of them here?

(iii) (a) How many family members are shown in the picture?

(b) What are they doing?

Chapter 22

Left-Right

1. Select the best option.

(i) A bus stop is a place where buses

(a) pick up passengers. ☐   (b) drop passengers. ☐

(c) stop for some time. ☐   (d) All of these. ☐

(ii) A _______ is a place where sick persons are looked after.

(a) shop ☐   (b) school ☐   (c) hospital ☐   (d) park ☐

(iii) The Sun rises in the morning from which direction?

(a) East ☐   (b) West ☐   (c) North ☐   (d) None of these ☐

(iv) If you are facing the North direction, which direction is to your left?

(a) East ☐   (b) South ☐   (c) West ☐   (d) None of these ☐

(v) On your left hand, the index finger is to the _______ of the thumb when you see the palm.

(a) left ☐   (b) right ☐

(c) Either left or right ☐   (d) None of these ☐

Question nos. 2 and 3 are based on the following map/diagram shown below. Study the map/diagram carefully and answer the questions.

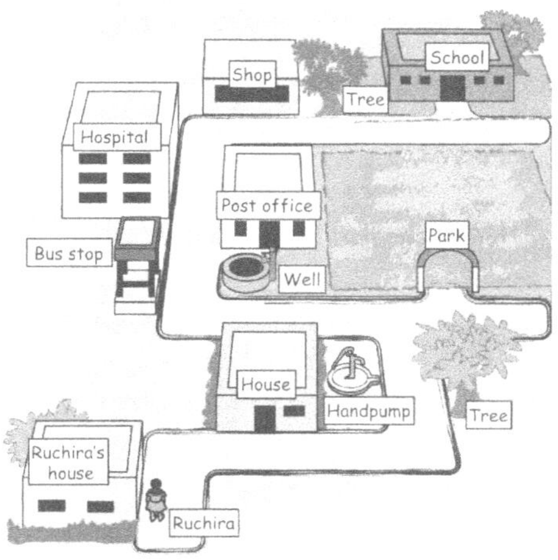

2. Write 'T' for true and 'F' for false statements.

   (i) Ruchira makes two right turns to go inside her school.

   (ii) Ruchira makes three left turns to go inside her school.

   (iii) Ruchira passes the post office on her right on the way.

   (iv) Ruchira passes three trees on her way to school.

   (v) Ruchira does not see any shop on her way to school.

3. Fill in the blanks.

   (i) Ruchira passes a ___________ before anything else on her way to school.

   (ii) When returning home from her school, Ruchira will pass the bus stop on her ___________ .

   (iii) When returning home from her school, Ruchira will pass the park on her ___________ .

   (iv) Ruchira passes a ___________ on her left just before the well on her way to school.

   (v) Ruchira passes the buildings of a ___________ , ___________ , ___________ and ___________ on her way to school.

4. Answer the following questions.

   (i) Name the four main directions.

   (ii) What is a map?

   (iii) Why are symbols used in maps?

   (iv) Write the names of the five fingers of the hand.

   (v) How do we recognise a hospital building when we see it?

5. Match the symbols shown in Column I with what they mean as given in the map in the textbook, in Column II by drawing arrows.

Column I		Column II
(i)	☒	(a) Bus stop
(ii)	✚	(b) Gate of park
(iii)	▢	(c) Hospital
(iv)	⬠★	(d) House
(v)	🌳	(e) Post office
(vi)	⊓	(f) Ruchira's home
(vii)	🏠	(g) Ruchira's school
(viii)	◉	(h) Shop
(ix)	⊙	(i) Tree
(x)	▮	(j) Well

6. If you are asked to guide Ruchira to return home from her school, write the directions, in which direction she has to turn at which landmark, so that she reaches home without losing her way.

Think, Find and Write

1. A map of a part of a city in a foreign country is shown below. Find out and write the meanings of the words mentioned in the map.

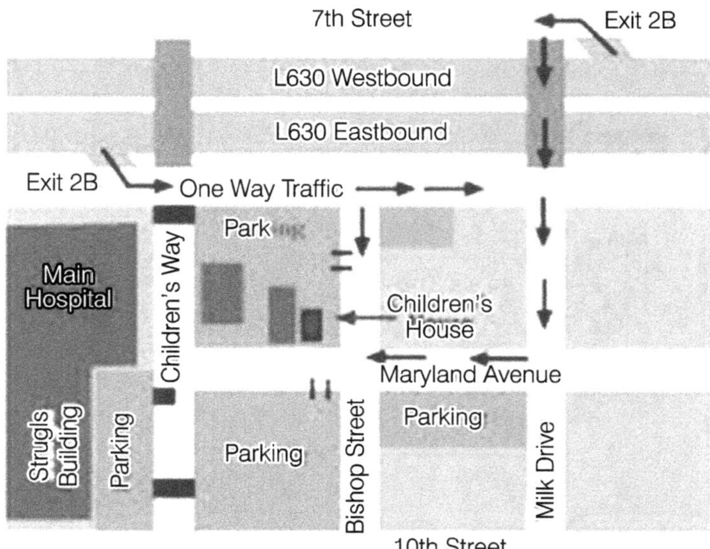

(i) Parking

(ii) One way traffic

(iii) Westbound / Eastbound

(iv) Exit 2B

2. The map shown in Q 2 above is giving directions to reach some place.

(i) Can you find out the name of the place? (**Hint**: It is given on the map.)

(ii) If you were driving from the top right corner of the map on the road marked 'Westbound', write the directions to be followed to reach the place given in part (i). Mention all the directions of turns.

3. Our traffic police gives directions to people driving by using their hands. Three pictures of signals given by a traffic policeman are shown below. Find out and write what each symbol means.

Traffic Signals by Hand

4. Observe the picture given below and answer the following questions.

(i) What is the colour of each light (top, middle and bottom)?

(ii) What should a car driver do when the top light is lighted?

(iii) What does it mean if the middle light keeps on blinking, but the other lights are off?

A Beautiful Cloth

1. Select the best option.

   (i) A *dupatta* is a long piece of __________ cloth.

     (a) stitched   (b) unstitched

     (c) woollen   (d) None of these

  (ii) A cloth like a *dupatta* can also be worn as a

     (a) *lungi*   (b) turban

     (c) *chunni*   (d) All of these

 (iii) All pieces of cloth have __________ running along their length and breadth.

     (a) threads   (b) strings

     (c) embroidery   (d) None of these

  (iv) Sajida was thinking about the __________ in her dream.

     (a) shawl   (b) *saree*

     (c) *dupatta*   (d) None of these

   (v) What did Sajida's sister give her?

     (a) A cloth   (b) A *chaddar*

     (c) A *dupatta*   (d) None of these

2. Fill in the blanks.

   (i) Sajida's *dupatta* had __________ stuck on it.

  (ii) Sajida played with the *dupatta* after __________ .

 (iii) Sajida's *dupatta* was made up of __________ .

  (iv) Sajida's *dupatta* could also have been worn as a __________ or__________ .

   (v) __________ can also be woven like a cloth.

3. Explain the method of weaving together two different coloured pieces of cloth just like the example of the paper given in the textbook. To start you off, the first step has been written for you. Now write the other steps, using the first words as clues given in each step.

1. Take two square pieces of cloth of different colours.

2. Mark ____

3. Cut ____

4. Place ____

5. Weave ____

6. Paste ____

Think, Find and Write

1. Observe the picture given below and answer the questions related to it.

(i) What is this man doing?

____

____

(ii) He is using some kind of machine. What is this machine called and what is required to run it?

____

____

2. Some clothes are given in the box below. Find out which of them are stitched and which are unstitched. Accordingly write their names in the correct column in the table given below the box.

> *Tehmad   Shirt   Towel   Patka   Dupatta   Kameez   Turban   Socks   Gloves   Chunni*
> *Frock   Skirt   Lehenga   Pyjama   Handkerchief   Dhoti   Lungi   Muffler   Odhni*
> *Saree   Shawl   Trousers   Jeans   Scarf   Tie   Turban   Bedsheet   Shorts   Curtain*

Stitched	Unstitched	Stitched	Unstitched

3. Match the names of Indian states in Column I with the typical dress worn by their people in Column II by drawing arrows.

Column I	Column II
(i) Maharashtra	(a) Women wear phiran and *salwar*
(ii) Punjab	(b) Men wear *dhoti-kurta*
(iii) Rajasthan	(c) Women wear *salwar, kameez* and *dupatta*
(iv) West Bengal	(d) Women wear long *sarees* like *dhoti*
(v) Jammu & Kashmir	(e) Men wear *churidar pyjama, kurta* with turban on head

4. Find out and write the names of various fabrics, natural or synthetic, used in making clothes and various furnishings used by us. Each of these fabrics give a different feel. Write them in the table given below either in the 'Natural' or 'Synthetic' groups. One fabric in each group has been written to start you off.

<table>
<tr><th>Natural</th><th>Synthetic</th></tr>
<tr><td>Silk</td><td>Nylon</td></tr>
<tr><td>________</td><td>________</td></tr>
<tr><td>________</td><td>________</td></tr>
<tr><td>________</td><td>________</td></tr>
</table>

5. Find the names of clothes worn in India in this word puzzle by outlining them. These names are given in the box below.

| Chunni | Dhoti | Dupatta | Frock | Kameez | Lehenga | Lungi | Odhni | Patka |
| Pyjama | Saree | Scarf | Shawl | Skirt | Shirt | Turban | Trousers | Tie |

Q	S	K	I	R	T	S	A	R	E	E
T	H	A	L	A	H	E	N	G	A	D
R	A	M	U	F	F	L	E	R	Z	H
O	W	E	N	D	R	Y	X	W	V	O
U	L	E	G	U	O	D	H	N	I	T
S	T	Z	I	P	C	H	U	N	N	I
E	T	I	E	A	K	S	C	A	R	F
R	P	P	A	T	K	A	N	M	L	K
S	H	I	R	T	P	Y	J	A	M	A
T	U	R	B	A	N	J	H	G	D	C

Chapter 24

Web of Life

1. Select the best option.

(i) The web of life includes

(a) living beings.　　　　　　　　(b) non-living things.

(c) Both 'a' and 'b'.　　　　　　　(d) None of these

(ii) Which of these is not related to driving a car properly?

(a) Knowing how to drive　　　　(b) Knowing the rules of the road

(c) Having a lot of money　　　　(d) Having a valid driving license

(iii) The item not related to bricks is

(a) clay　　　　　　　　　　　　(b) sand

(c) water　　　　　　　　　　　(d) kiln

(iv) The item not related to producing heat for cooking is

(a) gas　　　　　　　　　　　　(b) sunlight

(c) torch　　　　　　　　　　　(d) electricity

(v) ______________ are not related to birds.

(a) Insects　　　　　　　　　　(b) Nests

(c) Eggs　　　　　　　　　　　(d) None of these

2. Write 'T' for true and 'F' for false statements.

(i) Soil is related to insects.

(ii) Water is not related to man.

(iii) Letters are related to train.

(iv) We are related to house.

(v) House is not related to sun.

3. Write the names of five natural things and five man-made things by filling in the table below.

Natural	Man-made

4. Match the names in Column I with their characteristics in Column II by drawing arrows.

Column I		Column II	
(i)	Soil	(a)	Natural
(ii)	Bird	(b)	Man-made
(iii)	Telephone	(c)	Living
(iv)	Water	(d)	Rain

5. Match the pictures with their names and whether they are living or non-living by drawing lines. One has been done for you.

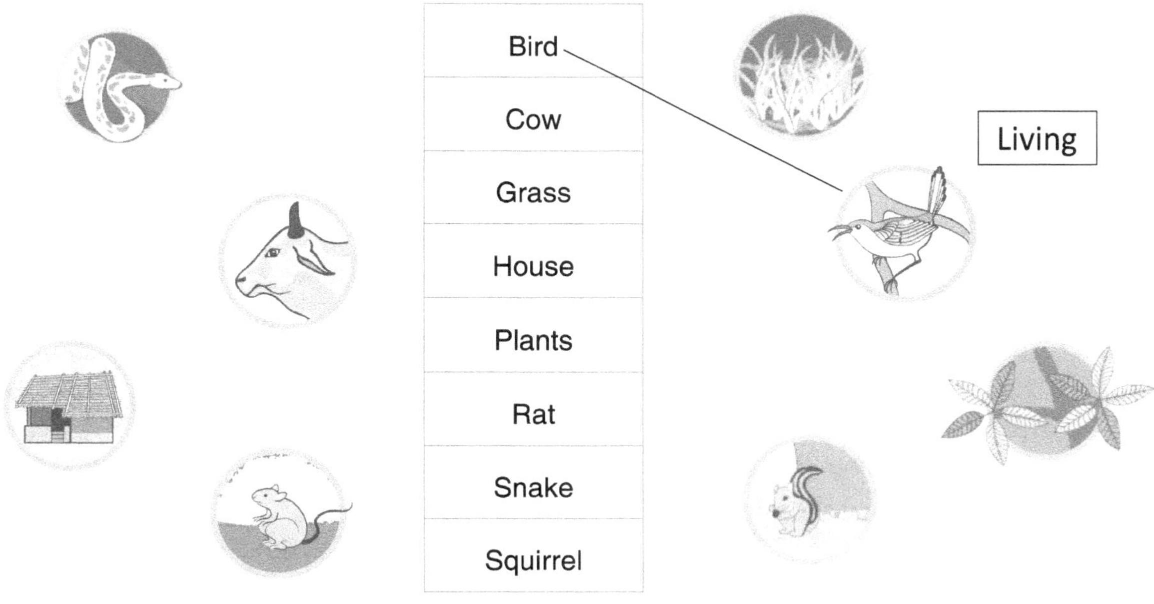

6. Water, bricks, wood, glass and clay are related to us because we live in a house. Show their relation to us in the form of a chain by filling in these words in the chain diagram with blank boxes given below.

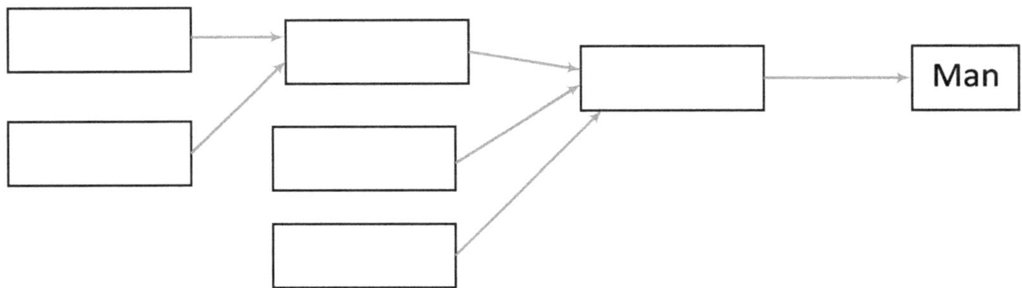

7. In the pictures given in Q 6, there are some items which are called non-living, but they have many living organisms living in them. Which items are these and why?

Think, Find and Write

1. Based on the chart given below, answer the questions.

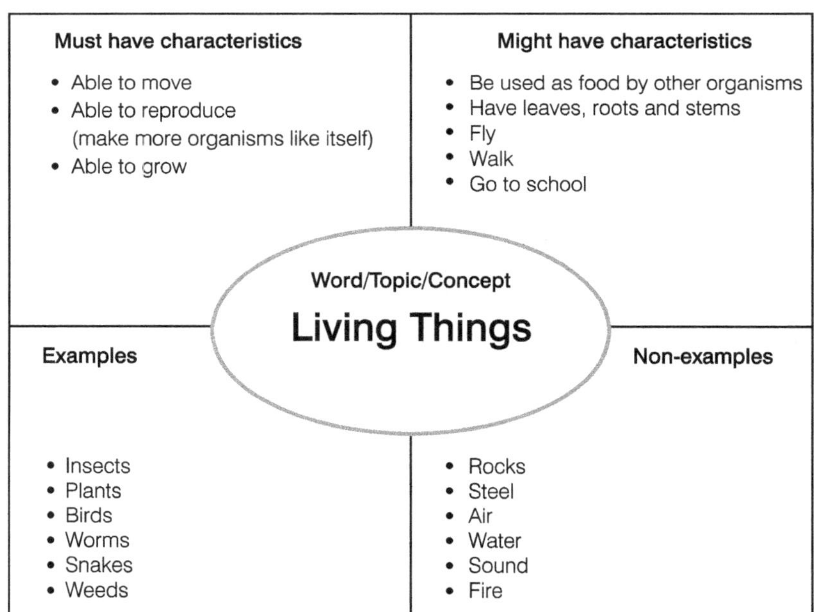

Write what things the living things are able to do, giving two examples of each. All examples must be different.

2. List all the related items to do the following jobs. One has been done to guide you for the others (everybody will not have the same answers for these jobs).

Example: Shopping: Shopping bag, Money, List of items to buy, Shop where to buy, Guarantee card, Cash memo / Receipt, Vehicle to use and so on.

(i)   Cooking

(ii) Going to school

(iii) Building a house

(iv) Playing cricket

(v)   Doing homework

3. A typical food web (i.e. related plants / animals) is shown below. Observe it carefully and write what is the food of what (**Hint:** the arrows give you some idea).
e.g. the owl eats the rat.

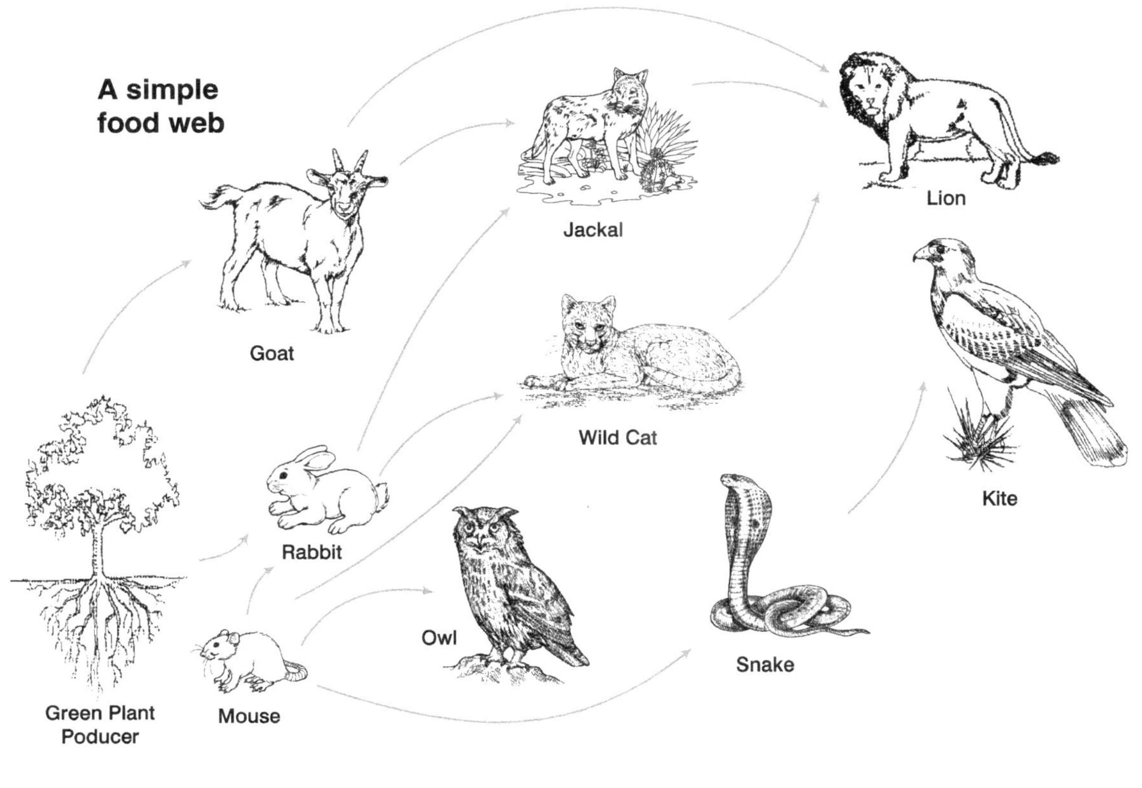

Answers

Chapter 1   Poonam's Day Out

1. (i) (c)   (ii) (d)   (iii) (d)   (iv) (a)   (v) (b)
2. (i) T   (ii) T   (iii) F   (iv) F   (v) F
3. (i) tree   (ii) pond   (iii) spider   (iv) underground (v) Owls
4. (i) (b)   (ii) (c)   (iii) (d)   (iv) (a)
7. (i) frog, land, water   (ii) tortoise, slow, steady

Chapter 2   The Plant Fairy

1. (i) (d)   (ii) (d)   (iii) (c)   (iv) (b)   (v) (a)
2. (i) F   (ii) T   (iii) F   (iv) F   (v) T
3. (i) rubbings   (ii) Plant fairy   (iii) Michael   (iv) lying on the ground
   (v) shapes, colours, margins
4. (i) (d)   (ii) (c)   (iii) (b)   (iv) (a)
6. (i) Neem   (ii) Mint   (iii) Betel   (iv) Peepal   (v) Lotus
9. (i) (c)   (ii) (b)   (iii) (a)   (iv) (e)   (v) (d)

Chapter 3   Water O' Water

1. (i) (c)   (ii) (d)   (iii) (b)   (iv) (a)   (v) (d)
2. (i) T   (ii) F   (iii) F   (iv) T   (v) F
3. (i) Snow, ice   (ii) water   (iii) tap   (iv) do not need   (v) Fish
5. (i) (c)   (ii) (d)   (iii) (b)   (iv) (a)
6. (i) Pitcher   (ii) Jug   (iii) Bottle   (iv) Bucket   (v) Cup
   (vi) Steel tumbler/Glass tumbler   (vii) Can
7. Picture 1 - Bucket   Picture 2 - Glass tumbler
   Picture 3 - Steel tumbler   Picture 4 - Bottle
   Picture 5 - Can   Picture 6 - Jug
   Picture 7 - Pitcher   Picture 8 - Cup

Chapter 4   Our First School

1. (i) (c)   (ii) (a)   (iii) (c)
2. (i) F   (ii) F   (iii) T   (iv) F
3. (i) husband - wife   (ii) aunt   (iii) uncle   (iv) mother
4. (i) (c)   (ii) (d)   (iii) (a)   (iv) (b)

- **Think, Find and Write**

2. Father - Mother,   Husband - Wife,
   Grandfather - Grandmother,   Uncle - Aunt, Brother - Sister.

4.

D	H	O	B	I	F	A	M	I	L	Y	M
A	U	Z	R	R	E	S	P	E	C	T	O
U	S	Y	O	O	L	I	X	Q	W	V	T
G	B	T	T	N	A	S	R	S	D	S	H
H	A	C	H	I	U	T	J	H	W	I	E
T	N	Y	E	N	G	E	K	O	A	N	R
E	D	C	R	G	H	R	M	E	S	G	P
R	E	L	A	T	I	O	N	S	H	I	P
F	W	I	F	E	N	D	R	Y	I	N	G
C	B	N	X	Y	G	Z	Q	R	N	G	M
F	L	G	A	N	W	A	R	I	G	T	D

<table>
<tr><td style="background:gray;color:white">**Chapter 5**</td><td></td></tr>
</table>

Chapter 5 Chhotu's House

1. (i) (d)   (ii) (d)   (iii) (c)   (iv) (b)   (v) (a)

2. (i) T   (ii) F   (iii) T   (iv) T   (v) F

3. (i) eyesight   (ii) decorated   (iii) uninvited   (iv) inside

4. (i) (e)   (ii) (a)   (iii) (d)   (iv) (b)   (v) (c)

7. (i) Stove   (ii) Shower   (iii) Bucket   (iv) Microwave

Chapter 6 Foods We Eat

1. (i) (d)   (ii) (c)   (iii) (b)   (iv) (a)   (v) (c)

2. (i) T   (ii) F   (iii) T   (iv) T

3. (i) Hongkong   (ii) mustard oil   (iii) coconut   (iv) wheat, gram   (v) hungry

4. (i) (c)   (ii) (a)   (iii) (d)   (iv) (b)

- **Think, Find and Write**

2. Picture 1- *Jalebi*   Picture 2 - *Samosa*   Picture 3 - Burger   Picture 4 - Momo

    Picture 5 - *Kheer*   Picture 6 - Watermelon   Picture 7 - *Idli*   Picture 8 - Omelette

Chapter 7 Saying Without Speaking

1. (i) (c)   (ii) (a)   (iii) (d)   (iv) (c)   (v) (b)

2. (i) T   (ii) F   (iii) T   (iv) F   (v) T

3. (i) hear, speak   (ii) do   (iii) face, hands   (iv) *mudras, bhavs*   (v) angry

4. (i) (d)   (ii) (c)   (iii) (b)   (iv) (a)

6. Picture 1 - Surprised   Picture 2 - Sad   Picture 3 - Afraid

    Picture 4 - Happy   Picture 5 - Excited   Picture 6 - Confused

- **Think, Find and Write**

1. S.No.   Name of sense organ   Located where   What the organ Sence

S.No.	Name of sense organ	Located where	What the organ Sence
2	Nose	On the face	Smell
3	Ears	On the face	Hear
4	Tongue	In the mouth	Taste
5	Skin	On the body	Touch

Chapter 8   Flying High

1. (i) (d)   (ii) (c)   (iii) (c)   (iv) (b)   (v) (a)
2. (i) F   (ii) T   (iii) F   (iv) T   (v) F
3. (i) tree trunks   (ii) Guter Ghoo   (iii) peacock   (iv) red   (v) beak
4. (i) (c)   (ii) (a)   (iii) (d)   (iv) (e)   (v) (b)
6. Picture 1 - Peacock   Picture 2 - Eagle   Picture 3 - Parrot
   Picture 4 - Tailor Bird   Picture 5 - Crow   Picture 6 - Woodpecker
   Picture 7 - Vulture   Picture 8 - Pigeon   Picture 9 - Owl
   Picture 10 - Cuckoo

- **Think, Find and Write**

5.

Crossword solution:
- 1 Down: WOODPECKER
- 2 Down: EAGLE
- 3 Across: CUCKOO; 3 Down: CROWN
- 4 Down: VULTURE
- 5 Across: PIGEON; 5 Down: PARROT
- 6 Down: SLEEP
- 7 Down: PEACOCK
- 8 Across: FEATHERS
- 9 Across: BEAK; 9 Down: PEP (PEP... column under S: SLEEP / BEAK)

Chapter 9   It's Raining

1. (i) (c)   (ii) (d)   (iii) (a)   (iv) (b)   (v) (c)
2. (i) F   (ii) T   (iii) T   (iv) T   (v) T
3. (i) drooping   (ii) ripe and tasty bananas   (iii) trunk   (iv) water   (v) new
4. (i) (b)   (ii) (d)   (iii) (a)   (iv) (c)
5. Picture 1 - Appu looking at drooping banana trees
   Picture 2 - Appu bathing
   Picture 3 - Appu watering the banana trees

1. (i) (c)   (ii) (d)   (iii) (b)   (iv) (b)   (v) (a)
2. (i) F   (ii) F   (iii) T   (iv) T
3. (i) soaking   (ii) flour   (iii) cooked   (iv) frying   (v) Utensils
4. (i) Kerosene oil   (ii) Gas   (iii) Cowdung cakes and wood
   (iv) Electricity   (v) Coal   (vi) Sunlight
5. (i) (c)   (ii) (d)   (iii) (e)   (iv) (a)   (v) (b)

- **Think, Find and Write**

4.

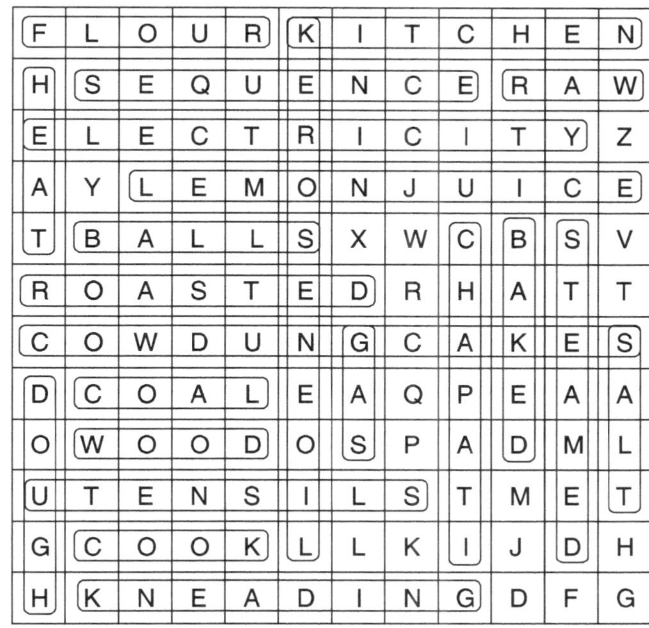

Chapter 11 From Here to There

1. (i) (c)   (ii) (d)   (iii) (a)   (iv) (b)   (v) (d)
2. (i) T   (ii) T   (iii) F   (iv) T   (v) F
3. (i) bullock cart   (ii) aeroplane   (iii) putting out fires   (iv) bus   (v) goods
4. (i) (b)   (ii) (c)   (iii) (e)   (iv) (a)   (v) (d)
6. Picture 1 - Hand cart (selling fruits and vegetables)   Picture 2 - Postal van (carrying letters and parcels)
   Picture 3 - Tractor (for farming)   Picture 4 - Cycle (by handicapped persons)
   Picture 5 - Ambulance (carrying ill persons)   Picture 6 - Bus (Carrying people)

Chapter 12 Work We Do

1. (i) (c)   (ii) (d)   (iii) (c)   (iv) (b)   (v) (a)
2. (i) T   (ii) F   (iii) T   (iv) F   (v) T
3. (i) her brother and sisters   (ii) stay back at home   (iii) her elders
   (iv) the tea stall   (v) construction work
5. (i) (d)   (ii) (a)   (iii) (e)   (iv) (c)   (v) (b)

4.

```
Z  P  Y  X  P  F  A  R  M  E  R  W
D  O  C  T  O  R  V  T  B  R  Q  P
C  T  N  S  L  U  C  D  L  M  T  A
O  T  L  W  I  I  A  R  A  K  E  I
B  E  L  E  C  T  R  I  C  I  A  N
B  R  J  E  E  S  P  V  K  M  V  T
L  H  G  P  M  E  E  E  S  A  E  E
E  F  D  E  A  L  N  R  M  S  N  R
R  C  B  R  N  L  T  Z  I  O  D  Y
X  N  U  R  S  E  E  W  T  N  O  V
B  A  R  B  E  R  R  T  H  R  R  Q
```

Chapter 13   Sharing Our Feelings

1. (i) (d)   (ii) (a)   **2.** (i) T   (ii) F   (iii) F   (iv) T   (v) T

3. (i) my *nani*   (ii) Ravi *bhaiya* (iii) laugh   (iv) pointed tool   (v) six

4. (i) (e)   (ii) (d)   (iii) (a)   (iv) (c)   (v) (b)

• **Think, Find and Write**

2. Picture 1 - Two blind women pose for the camera   Picture 2 - A woman reading a story in Braille

Picture 3 - Answering the phone   Picture 4 - Blind people crossing a road

Picture 5 - Women at a rally   Picture 6 - Ravi *bhaiya* reading a book in Braille

4.

```
T  E  A  C  H  E  R  Z  Y  X  T  W
V  N  E  W  S  P  A  P  E  R  O  B
H  U  M  O  U  R  V  S  I  T  U  R
B  A  C  K  P  A  I  N  S  R  C  A
B  H  A  I  Y  A  B  H  A  B  H  I
L  O  V  I  N  G  H  Q  P  S  N  L
I  V  E  G  E  T  A  B  L  E  S  L
N  E  W  S  S  T  I  C  K  E  M  E
D  L  K  P  L  A  Y  S  N  A  N  I
J  S  A  N  D  P  A  P  E  R  G  F
R  E  L  A  T  I  O  N  S  H  I  P
F  R  A  N  C  E  D  S  E  E  M  A
```

1. (i) (c)   (ii) (d)   (iii) (b)   (iv) (a)   (v) (b)
2. (i) T   (ii) F   (iii) F   (iv) F   (v) T
3. (i) plants   (ii) leaves   (iii) Plants   (iv) fruits   (v) Neem
4. (i) (e)   (ii) (b)   (iii) (a)   (iv) (c)   (v) (d)
8. Picture 1 - Venu's mother cooks while Venu's father cleans the home.
   Picture 2 - Venu's parents relaxing.
   Picture 3 - Rani's mother preparing food.
   Picture 4 - Rani's father and brother eating food.

● **Think, Find and Write**

5.

M	A	N	G	O	J	T	U	R	N	I	P
E	C	O	R	I	A	N	D	E	R	Z	V
D	Y	X	A	W	C	S	T	V	T	R	E
I	Q	P	M	F	K	A	O	N	I	O	N
C	A	U	L	I	F	L	O	W	E	R	U
I	N	M	L	S	R	T	T	M	E	A	T
N	E	E	M	H	U	K	H	O	N	E	Y
E	J	R	A	N	I	G	A	R	L	I	C
C	A	R	R	O	T	H	C	O	O	K	G
F	S	T	O	M	A	C	H	A	C	H	E
E	G	G	H	O	U	S	E	H	O	L	D

1. (i) (c)   (ii) (c)   (iii) (b)   (iv) (d)   (v) (a)
2. (i) F   (ii) F   (iii) T   (iv) F   (v) T
3. (i) baked   (ii) knead clay (iii) clay   (iv) The sparrow, Phudgudi   (v) friends
4. (i) (e)   (ii) (c)   (iii) (a)   (iv) (b)   (v) (d)
6. Picture 1 - Knead some clay with water.
   Picture 2 - Roll some clay like a thick *chapati* to form the base.
   Picture 3 - Roll some clay like a snake.
   Picture 4 - Fix the clay snake to the base using clay to bind them.
   Picture 5 - Rotate the snake on the base to complete the pot.

1. (i) (d)   (ii) (d)   (iii) (b)   (iv) (d)   (v) (a)

2. (i) T   (ii) T   (iii) T   (iv) T   (v) F

3. (i) hop-scotch   (ii) out   (iii) TV   (iv) doll   (v) snakes and ladders

4. (i) (c)   (ii) (e)   (iii) (b)   (iv) (a)   (v) (d)

6. Picture 1 - Hop-scotch   Picture 2 - Chess

    Picture 3 - Ludo   Picture 4 - Carrom

Think, Find and Write

1. (i) Gardening   (ii) Dancing   (iii) Reading books   (iv) Philately

    (v) Talking   (vi) Doing embroidery

2. (i) Wrestling   (ii) Seven stones (*Pittu*)   (iii) Chinese checkers   (iv) *Kabaddi*

    (v) *Kho Kho*   (vi) Marbles   (vii) *Gilli danda*   (viii) Snakes and ladders   (ix) Hop-scotch

Chapter 17   Here Comes a Letter

1. (i) (c)   (ii) (c)   (iii) (a)   (iv) (c)   (v) (b)

2. (i) F   (ii) T   (iii) T   (iv) T   (v) F

3. (i) letter box   (ii) stamps   (iii) train   (iv) postal van   (v) matchboxes, ice-cream cups

5. (i) (c)   (ii) (e)   (iii) (a)   (iv) (b)   (v) (d)

Think, Find and Write

6.

Z	M	P	O	S	T	O	F	F	I	C	E
N	A	M	E	S	E	Q	U	E	N	C	E
D	T	L	S	T	L	E	T	T	E	R	Y
I	C	E	C	R	E	A	M	C	U	P	S
S	H	T	I	E	P	G	R	R	A	O	T
T	B	T	S	T	H	A	E	A	H	S	A
R	O	E	S	C	O	R	E	Z	M	T	T
I	X	R	O	H	N	T	N	I	E	A	I
B	E	B	R	E	E	A	A	A	D	L	O
U	S	O	S	D	S	L	W	V	T	V	N
T	R	X	P	S	T	A	M	P	S	A	N
E	B	A	G	P	O	S	T	M	A	N	M

1. (i) (a)   (ii) (c)   (iii) (d)   (iv) (d)   (v) (b)
2. (i) F   (ii) T   (iii) F   (iv) T   (v) F
3. (i) houseboats   (ii) caravan   (iii) permanent   (iv) weather   (v) Stilt
4. (i) Dustbin   (ii) Air   (iii) Doctor   (iv) Car   (v) Ice
6. Picture 1 - Hut   Picture 2 - Multi-storey building   Picture 3 - House in the hills
   Picture 4 - Caravan   Picture 5 - Igloo

1. (i) (b)   (ii) (d)   (iii) (c)   (iv) (c)   (v) (d)
2. (i) T   (ii) T   (iii) F   (iv) T
3. (i) Kiwi   (ii) duck   (iii) Chicken   (iv) Sparrow   (v) Pigeon
4. Picture 1 - Chandu is bathing his donkey.   Picture 2 - The sparrow is injured.
   Picture 3 - The injured sparrow recovers.   Picture 4 - The sparrow at the bird bath.
5. (i) (d)   (ii) (c)   (iii) (e)   (iv) (a)   (v) (b)

1. (i) (b)   (ii) (c)   (iii) (a)   (iv) (c)   (v) (d)
2. (i) T   (ii) F   (iii) F   (iv) T   (v) F
3. (i) lids   (ii) drinking   (iii) four pots   (iv) water train (v) half an hour
6. (i) (d)   (ii) (c)   (iii) (b)   (iv) (a)

- **Think, Find and Write**

4.

M	B	U	C	K	E	T	Z	S	L	L	R	S
A	H	S	A	N	D	A	V	U	E	I	A	O
D	A	D	C	Y	I	N	I	M	A	D	J	N
H	V	I	A	X	R	K	L	M	K	D	A	A
O	N	S	M	T	T	A	L	E	S	R	S	L
W	A	T	E	R	S	C	A	R	C	I	T	Y
B	G	A	L	A	I	P	G	W	K	N	H	T
A	A	N	C	I	S	I	E	V	E	K	A	A
J	R	C	A	N	T	T	T	R	A	I	N	P
J	Q	E	R	M	E	P	O	N	D	N	N	G
U	W	A	T	E	R	P	I	P	E	G	P	N

Chapter 21 — Families can be Different

1. (i) (b) (ii) (a) (iii) (c) (iv) (b) (v) (d)

2. (i) F (ii) T (iii) F (iv) T (v) F

3. (i) shop (ii) Sara and Habib (iii) studying (iv) her mother (v) sister

4. (i) (d) (ii) (e) (iii) (a) (iv) (b) (v) (c)

7. Picture 1 - Samar's family Picture 2 - Sitamma Picture 3 - Tara's family

Picture 4 - Habib's family Picture 5 - Totaram Picture 6 - Kaveri

Chapter 22 — Left-Right

1. (i) (d) (ii) (c) (iii) (a) (iv) (c) (v) (b)

2. (i) F (ii) T (iii) T (iv) F (v) F

3. (i) house (ii) right (iii) left (iv) handpump (v) house, post office, hospital, shop

5. (i) (g) (ii) (c) (iii) (e) (iv) (f) (v) (i)

(vi) (b) (vii) (d) (viii) (j) (ix) (h) (x) (a)

Chapter 23 — A Beautiful Cloth

1. (i) (b) (ii) (d) (iii) (a) (iv) (c) (v) (c)

2. (i) small mirrors (ii) eating dinner (iii) cloth (iv) *lungi*, turban (v) Paper

- **Think, Find and Write**

3. (i) (d) (ii) (c) (iii) (e) (iv) (b) (v) (a)

5.

Q	S	K	I	R	T	S	A	R	E	E
T	H	A	L	E	H	E	N	G	A	D
R	A	M	U	F	F	L	E	R	Z	H
O	W	E	N	D	R	Y	X	W	V	O
U	L	E	G	U	O	D	H	N	I	T
S	T	Z	I	P	C	H	U	N	N	I
E	T	I	E	A	K	S	C	A	R	F
R	P	P	A	T	K	A	N	M	L	K
S	H	I	R	T	P	Y	J	A	M	A
T	U	R	B	A	N	J	H	G	D	C

Chapter 24 — Web of Life

1. (i) (c) (ii) (c) (iii) (b) (iv) (c) (v) (a)

2. (i) T (ii) F (iii) T (iv) T (v) T

4. (i) (a) (ii) (c) (iii) (b) (iv) (d)